KB033973

현장에서,

평화 · 생명 · 통일이야기

현장에서, 평화·생명·통일이야기

초판1쇄 발행 • 2013년 12월 20일
　2쇄 발행 • 2014년　2월 24일

지은이 • 정성헌
펴낸이 • 이재호
펴낸곳 • 리북
등　록 • 1995년 12월 21일 제13-663호
주　소 • 서울시 마포구 독막로 3길 33 (서교동) 서연빌딩 2층
전　화 • 02-322-6435
팩　스 • 02-322-6752
홈페이지 • www.leebook.com

정　가 • 15,000원

ISBN 978-89-97496-19-8

현장에서,
평화·생명·통일이야기

정성헌 지음

리북

올 봄, 제가 일하고 있는 민주화운동기념사업회 동료 일꾼들이 책 내기를 권했습니다. 이유는 이랬습니다. "지금 현장 운동가들이 참고할 만한 경험 많은 선배의 육성이 너무 필요하다"는 것, "외국의 사례는 참고할 것이 꽤 있으나 우리 것은 너무 없다"는 것이었습니다. 처음엔 손사래를 쳤지만, 우리들의 삶과 운동을 함께 고민해 보자는 소박한 마음으로 엄두를 내게 되었습니다.

책은 거창한 논리나 복잡한 설명으로 채우기보다 지금껏 저의 경험을 재료로 하여 여러 가지 품고 있던 생각을 정리하는 방법을 택했습니다. 민주화운동기념사업회 교육국에서 일하는 양금식 씨가 묻고 제가 말하는 형식으로 여러 날 작업을 한 결과가 〈현장에서, 평화·생명·통일이야기〉로 태어났습니다.

초고부터 원고를 만지면서 생각한 것은 "이것을 과연 책으로 내도되는가?" 하는 민망함이었습니다. 내용이 너무 허술하고 의도하지 않게 목소리가 높아진 곳도 있고 하여 한 번은 "그만 두는 게 좋겠다"라고 말한 적도 있습니다. 부족하지만, 제가 늘 강조하고 있는 "현장"과 "공부"에 대한 이야기로 받아주면 좋겠다는 생각을 합니다.

제가 열아홉 살 때 6 · 3 굴욕적인 한일회담 반대운동으로 첫 감옥을 갔다 온 이후 벌써 49년이 흘렀습니다. 잘한 것은 별로 없었지만, 초기에는 운동의 중앙에서, 중기 이후는 현장 가까이, 후기는 현장에서 활동한 점을 참고하셨으면 합니다.

저는 가톨릭농민운동, 우리밀살리기운동 그리고 지금의 DMZ 평화생명운동 등을 하면서 수많은 사람들 주로 농민, 서민 그리고 여러 영역의 운동가들을 만났습니다. 제대로 헤아릴 수 없지만, 아마 제가 직접 교육의 현장에서 만난 사람들이 최소한 15만 명은 될 것입니다.

그래서 저는 그들의 목소리와 말투를 조금은 압니다. 민중들의 ─ 지금은 시민이라고 합니다만, 저는 아직도 민중이란 말이 더 정겹습니다. ─ 꿈과 좌절을 어느 정도 안다고 할 수 있습니다. 그리고 그들이 '주인답게' 살기를 원하지만, 그렇지 못한 안팎의 어려움도 조금은 압니다.

여기에 실은 글은 대전환의 시대에 민중의 큰 꿈을 생각합니다. 생명의 위기와 문명의 대전환을 촉구합니다. 그리고 무엇보다도 "교육개벽"을 주장합니다. 그러기 위해서는 "현장으로 가라"고 요청합니다. 그래서 "계속 떠나야 한다"고 재촉하는 마음을 썼습니다. 그 마음을 조금이나마 받아주시기를 바랍니다.

　이 책을 출판하신 리북출판사에게 고마움을 전하며, 민주화운동기념사업회 일꾼 여러분에게 같은 마음 전합니다. 또한 4년째 병석에 누워 계신 나의 어머니 그리고 질풍노도의 시대부터 지금까지 그 흔한 해외여행 한 번 함께 가보지 못하고 마음 고생, 몸 고생을 많이 한 아내 이신원에게 "제 마음"을 바칩니다.

겨울 추위가 본격화된 인제 DMZ평화생명동산에서

정 성 헌 올림

우리는 지금 어디에 있으며, 어디로 가야 하는가

우리에게 꼭 필요한 질문

날이 갈수록 자연과 사회의 상황과 조건이 더 빠르게 나빠지는 쪽으로 변화하고 있는 것 같아 매우 걱정스럽습니다. 그러기에 모든 생명을 사랑하고 그 바탕 위에 평화의 세상을 만들어 내야 하는 우리에게는 더욱 깊은 지혜와 실천 방략이 요구되고 있습니다. 그를 위해서는 현실을 바르게 이해하는 것으로부터 출발해야 합니다. 그러면, 우리 스스로에게 이렇게 질문해야 하겠지요.

"우리는 지금 어디에 있는가?"

그리고

"우리는 어디로 가야 하는가?" 라고 말입니다.

여기에서의 문제의식은 대략 다음과 같은 것입니다.

첫째, 우리는 '누구'인가 하는 것입니다.

이 물음에 대한 대답으로는 대한민국 공동체 구성원으로서의 '우리'가 아마도 가장 일반적일 것입니다. 하지만 어떤 사람은 북한 동포, 더 나아가 해외 동포까지 아우르는 '우리'까지 생각힐 것이고, 또 어떤 이는 문화석·인송적 개념으로서 '알타이 문명권'까지 이야기하는 분도 있을 것입니다. 더 나아가 지구촌 인류라는 종(種) 전체의 일원으로서 '우리'를 말하는 이도 있을 것이고, 어떤 분은 서로 연결되어 있는 '우주생명 = 온 생명'으로서의 나와 우리를 생각하기도 할 것입니다.

둘째, '지금, 어디에 있는 것인가'에 대한 것입니다.

아마도 이는 대략 혼돈이나 위기, 대전환기 또는 불안, 두려움 같은 뜻을 이야기하는 것이지 자신감이나 안정감 같은 내용은 별로 없어 보입니다.

셋째, 우리가 선택하고 애써 이루어야 할 '가치와 모습(= 문명)' 그리고 이를 현실화할 '방법'에 대한 것입니다.

결국 우리는 근본과 기본과 방략 – 저는 전략과 전술이라는 말을 될 수 있으면 쓰지 않으려고 합니다. 이 말은 피비린내 나고 찬바람 부는 전장과 시장을 떠올리게 합니다. – 을 함께 생각해 보아야 비로소 조금이라도 더 바람직한 쪽으로 나아갈 수 있다는 것을 명심해야 합니다.

이를테면 우리는 '갈라짐'에서 자연과 사람의 갈라짐과 남북 분단, 자본과 노동, 내면의 갈라짐까지 함께 파악하면서 바람직한 생활의 모습과 자세, 사회구조, 문명 양식을 건설하기 위해 스스로 그리고 함께 일하는 새로운 운동을 전개해야 하는 것입니다.

지금은 어느 때인가

때와 곳 그리고 사람을 제대로 아는 것처럼 중요한 일은 없습니다. 보통 천시(天時) 지리(地理) 인화(人和)를 제대로 알고 행함은 생명체인 사람이 할 수 있는 높은 경지를 일컫습니다. 실천적 입장에서는 천시의 유리함이 지리의 그것을 넘지 못하며 지리의 유리함이 인화의 힘을 이기지 못함이라 하여, 일을 하는데 제일 중요한 것은 '사람들의 화합과 단결'이라고 강조합니다.

이런 이야기와 관련하여 지난 2007년 제17대 대통령 선거 때 한나라당의 공약집을 잠깐 살펴봅시다. 시대적 환경은 인류문명사의 대전환으로 보고 디지털 혁명과 글로벌 시대를 중요 모습으로 인식하면서, 시대적 과제는 경제 살리기와 국민 통합으로 정리하고 있습니다. 일면 맞는 시각이며 처방이라고 할 수도 있지만, 너무 현상에 치우친 인식과 과제 설정이 아닐 런지요?

인류문명사의 대전환이라면 근본적으로 '새로운 문명'에 대한 얘기가 나와야 할 터인데, 특히 '생명살림'에 대한 기본적인 얘기가 나와야 마땅할 것인데 그렇지 못했습니다. 이런 인식과 처방은 한나라당뿐만 아니라 다른 당과 후보들도 오십보백보였습니다. 때를 얘기한다는 것은 '본질적인 큰 흐름'을 살펴보고 '주요한 흐름' 즉 본류와 지류를 함께 보자는 말입니다. 그런데 요즈음은 지나치게 '외국의 잣대' 내지 '시장이라는 눈'으로 분석한, 이른바 '트렌드' 중심으로 보고 모든 것을 돈벌이와 경영에 갖다 붙이는 '부분화의 오류', '시장화의 오류'가 세상을 뒤덮고 있는 것 같습니다.

그렇다면 지금은 어느 때일까요? 글로벌화와 디지털화로 인류의 삶의 양식이 통째로 바뀌고 있는 문명의 대전환이라는 외형적 모습과 함께, 인류가 이룩한 과학기술문명, 물질문명이 바야흐로 임계점(omega point, 궁극의 종착점이지만 새로운 도약을 위한 전환점이란 의미도 동시에 가지고 있음)에 도달한, 그래서 '삶의 양식'을 넘어 '생존의 양식'이 근본적으로 바뀌지 않으면 인류라는 종이 살아남을 수 없는 그러한 '문명의 대전환기'가 아닐까요?

모든 것의 거대화, 대량화 – 그러나 시장의 요구에 따라 적정화와 소량화도 있지만, 총합하면 다시 거대화와 대량화로 귀결됩니다. – 그래서 자원 고갈과 쓰레기 문제가 인류 생존의 최대 현안이 되고, 유전자 조작, 생명 복제 등 그래서 생명 자체의 존재 의의와 존립이 근본적으로 재검토되고 위협받는 과학기술문명의 만개! 그리고 그 문명의 열매 안에 있는 인류 파멸, 생명 파괴의 씨앗이 임박한 발아시기를 세고 있는 그러한 때, 깨달은 사람들이 생명의 파괴와 절멸을 경고하고 보통 사람들도 문득문득 자연의 흐름 속에서 그것을 감지하고 있지만, 사람들의 일상과 시장의 기제는 아랑곳하지 않고 더 많은 소유로 – 결국은 생명의 파국으로 – 치닫고 있는 그러한 '때'인 것 같습니다.

지금은 크게 보면 '인류의 존립이 임계점에 도달한 문명의 대전환기'이며, 좁혀서는 '자본주의 과학기술 물질문명의 최정점기'라고 볼 수 있을 것입니다. 또한 우리는 이 바탕 위에서 1980년대부터 맹위를 떨치기 시작한 신자유주의, 개방과 경제제일주의로 표현되는 이른바 '세계화' 강풍에 우리의 주체적 관점을 결합하여 인식하고 대응하는 '제2의 개항'을 이 시대의 주요한 모습으로 보아야 한다고 생각합니다.

그러면 이렇게 인류와 민족을 함께 규정하고 있는 '문명의 대전환'과 '제2의 개항'에는 어떻게 대응해야 할까요? '살길'을 올바르게 찾고 '스스로, 함께, 꾸준하게' 실천하여 현대 과학기술 물질문명의 모순을 극복하고 '새로운 문명'을 창조하는 것이 우리가 선택할 수 있는 유일한 길일 것입니다. 그러기 위해 우리는 역사에서 교훈을 찾고, 사람들 특히 늘 깨어있는 창조적인 사람들에게서 희망의 싹을 찾을 수밖에 없습니다.

자유와 평등을 넘어 생명과 평화로

우리는 지금 몇 세기에 살고 있을까요? 시간의 달력으로는 분명 21세기이지만, 문명의 달력이라면 그것과는 다른 시대를 살고 있을지도 모릅니다. 도식적일지는 모르겠으나, 지배가치와 지향가치라는 개념으로 살펴보겠습니다.

농경사회(제1의 물결)의 지배가치는 토지이며, 이를 극복하기 위한 지향가치는 '자유'였습니다. 봉건적인 특권을 타파한 프랑스대혁명은 제1의 물결의 모순을 극복하는 분수령이었지요. 따라서 1789년의 대혁명은 시간의 달력으로는 18세기였지만 문명의 달력으로는 19세기의 시작이었습니다.

산업사회(제2의 물결)의 지배가치는 자본이고 이를 극복하려는 지향가치는 '평등'이었습니다. 따라서 1917년 러시아의 사회주의혁명은 '평등의 세기'를 알리는 새로운 문명의 시작이었고 이는 곧 20세기의 등장이라고 할 수 있을 것입니다.

문명의 달력으로 21세기는 언제 시작되었을까요? 문명사가들은 1989~1991년의 소련을 비롯한 동유럽 사회주의 체제의 붕괴, 독일의 재통일, 거기에다 인터넷의 본격화를 새로운 문명, 정보화 사회, 제3의 물결로 보고 있습니다. 보통 지식정보사회의 지배가치는 지식과 정보라고 정리하지만 그 지향가치는 무엇일까요? 자유나 평등과 같이 분명한 뜻, 청사진,

신념, 논리를 갖추지 못하고 막연하게 '박애'가 아닌가, '나눔'
이 아닌가 하고 이야기하고 있습니다. 그런데 바로 그와 같이
세상에 대해서 올바르게 인식되지 않은 상태, 더구나 잘못된
세상을 극복할 지향가치가 정리되지 못한 점이 현재의 혼란과
불안을 심화시키는 근원적인 이유 중의 하나이기도 합니다.

그렇다면 우리 사회는 지금 몇 세기이며 지배가치와 지향
가치는 무엇입니까? 우리 사회는 1948년 정부수립 이후 60
년, 좁혀서는 1960년대 후반 이후 30~40년 동안 세계사에
유례가 없는 '민주화와 산업화의 동반 압축 성장'을 이룩하였
습니다. 그러나 지금의 모습을 보면 우리 사회는 민주화나
산업화의 외형은 갖추었지만 내용이 엉성하고 토대는 약합니
다. 양적 규모는 대단하나 질적 알맹이는 허술합니다.

87년 6월민주항쟁을 분수령으로 생각하면, 그 전의 지향가
치는 '자유'가 중심이었고 그 후는 주로 '평등'이었습니다.
2008년 오뉴월의 촛불집회는 분명 제3의 물결을 선도하는
21세기 전반기의 모습이었지만, 여기에 대응하는 정치는 20
세기 중엽의 그것이었습니다. 특히 정당의 모습은 몇 세기의
가치관과 행동 양식인지를 가름 할 수 없는 단면화된 노습이
대체적이었습니다.

우리 사회는 길게는 60년, 짧게는 40여 년 동안 농경사회

에서 지식정보화사회로 압축 이행하면서 지배가치나 지향가치가 혼재되어 혼잡스럽기까지 합니다. 지식과 정보는 아직도 상당 부분 '베껴먹기' 내지는 '쏠림' 수준과 현상이 지배적입니다.

게다가 평등 가치에 대한 극단적인 대척점으로 '19세기형 자유'와 '20세기 중후반기형 자유 = 신자유'가 완강한 대오를 형성하고 있습니다. 거칠게 요약하면 우리의 사상, 학문, 언론 및 토론과 운동의 장은 '평등과 구자유·신자유'가 맞붙은 형국이라 하겠습니다. 사실 평등 없는 자유는 힘센 자들만의 세상이고, 자유 없는 평등은 공동묘지의 조용함 같은 것입니다. 따라서 참평등은 자유를 더 자유롭게 하고, 참자유는 평등을 더 평등스럽게 하기 때문에 자유와 평등은 둘이면서 하나이고 하나이면서 둘인 것입니다.

이러한 상황에서 우리가 지향해야 할 가치는 무엇일까요? 우리는 자유와 평등의 토대를 굳건히 하면서 그것을 넘어서야 합니다. 저는 그것을 '생명과 평화'라고 생각합니다. 서유럽에서 박애를 주요한 지향가치로 삼고 통합과 나눔을 생활화, 제도화하려고 애쓰고 있을 때, 우리는 생명을 중심가치로 모색을 거듭하다가 이제는 생명과 평화를 지향가치로 정리하는 것 같습니다.

한국인 세계시민, 제2의 개항과 지구촌 시대

19세기 말, 우리는 제국주의자, 군국주의자들의 강제 개항 이후, 그들의 침략과 내부의 잘못된 대응으로 식민지 전락이라는 치욕을 겪었습니다. 1876년 일본과의 강화도 불평등 조약 이후 1905년 을사늑약으로 국권을 사실상 상실할 때까지 30년 동안 우리의 대응은 어떠했었습니까? 일본 군국주의자들의 강폭하고 치밀한 침략, 영국과 미국 제국주의자들의 일본 지원 등이 압도적 요인이었지만, 우리 사회 내부의 분열과 부패, 외부 세계에 대한 무지와 폐쇄 등이 식민지로 전락하는 커다란 요인이었음은 부인할 수 없습니다.

역사에서 교훈을 얻지 못하는 민족과 사람은 미래가 없습니다. 우리의 근대사를 한번 돌이켜 봅시다. [성리학 이념독재와 당파정치 → 실학파의 등장과 영·정조의 개혁 정치] → 세도정치 60년의 조선 말기 지배 → 1876년 일본의 강제 개항 → 내부 분열(양반과 상민, 외세의존세력과 민족자주세력, 수구파와 개화파 등)과 외세의 침략 → 식민지 전락 → 외세에 의한 해방과 분단 → 6·25 전쟁과 분단의 고착 그리고 대결 등이 우리의 근대사 200여 년을 관통하고 있습니다.

그렇다면 20세기 말부터 도도히 밀어닥치고 있는 '제2의 개항'에는 어떻게 대응해야 할까요? 외부 개방에는 내부 개방으로서만 대응할 수 있습니다. 경상도와 전라도, 중앙과 지방, 보수와 진보, 관료사회와 시민사회, 고학력과 저학력, 사대파와 자주파, 강남과 강북, 대기업과 하청기업 … 우리 사회에 널려 있는 온갖 칸막이를 제거하고 내부통합을 튼튼하게 이루어야 합니다.

내부를 튼튼히 하는 작업은 결국 사람이 하는 것입니다. 제2의 개항, 지구촌 시대에 어울리는 사람은 어떤 사람일까요? 무엇보다도 '실력 있는 열린 사람'이어야 할 것입니다. 또한 스스로 생각하고 판단하며 남과 함께 어울리고 경쟁하고 협동할 수 있는 사람이어야 합니다. 저는 그를 '한국인 세계시민'이라고 부르고자 합니다. 한국인의 얼을 가진 열린 지구촌 시민이겠지요.

그는 스스로를 알기에 남을 알고, 스스로를 사랑하기에 남을 사랑할 수 있습니다. 그는 한국의 역사와 문화를 알고 존중하기에 저 안데스 산맥에서, 중동의 사막에서, 아프리카의 가뭄 속에서 고통을 겪고 있는 그들의 역사와 문화를 존중합니다. 스스로의 내력과 위상을 모르는 사람은 '얼'빠진 사람이고, 남의 것만 베껴먹고 따라다니는 사람은 남에게서 결코 인정받을 수 없습니다. 제2의 개항, 지구촌 시대에는 스스로를 알고 사랑하며 남을 알고 사랑할 줄 아는 '한국인 세계시민'

이 인생과 사회의 주인공이 될 것입니다.

지구 고열과 사회 과열이라는 합병증

최근 20~30년 사이의 지구촌 사정은 사람의 입장에서 보면 별로 바람직하지 못한 모습이 훨씬 더 많아 보입니다. 요 몇 년 사이는 사정이 더욱 나빠져서 어떤 때는 이런 것이 말세 아닌가, 이런 것이 종말의 징후가 아닌가라고 생각할 때도 있을 만큼 두렵고 죄스러울 때도 있습니다.

인류 역사를 보면 참으로 가뭄에 콩 나듯 짧은 기간의 태평 성대를 빼놓고는 당시의 사람들은 대부분 말세나 종말론을 얘기하곤 했지만, 오늘의 말세는 과거와는 완전히 다른 종말 론인 것 같습니다. 과거에는 인간의 집중적인 수탈과 억압으로 특정 지역에 나타난 종말 현상이었습니다. 이것에 반해 오늘의 종말론은 인간의 광범위하고도 지속적인 생산 – 소비 활동으로 자연 파괴가 돌이킬 수 없는 지경에 도달한 것 때문에, 그야말로 전지구적 차원의 생명 파괴 현상의 심화에 의해 생겨나고 있습니다.

물론 세상사나 사물의 이치가 좋은 것과 나쁜 것으로 딱 나누어지는 것이 아니겠지요. 좋은 것 속에는 나쁜 것도 함께 있으며 절망적인 것에도 희망의 싹이 자라고 있다는 것을 어렴풋이 압니다. 그러나 최근 몇 년 사이 지구촌에서 벌어지고 있는 몇 가지 현상만을 봐도 우리 모두에게 '어떤 결단' 즉 "살아남기 위해 비상한 전환이 없으면 안 된다"는 '하늘과 땅과 뭇 생명의 소리'가 아닐까 하는 생각을 하게 됩니다. 예를 들어 보겠습니다.

- 지구의 양극권, 그린란드, 히말라야 산맥의 만년얼음이 녹아내리는 속도와 크기가 과학자들의 예측을 비웃듯 엄청나다.
- 쓰나미가 밀려들어 동남아와 인도양 연안이나 섬사람들이 헤아릴 수 없이 죽었다.
- 일본 도후쿠 지진과 쓰나미의 피해는 후쿠시마 원전의 방사능 재앙으로 연결되어 복구와 정상화를 가늠하기 어렵다.
- 2008~2009년, 북아메리카 오대호 주변의 광대한 지역에서 꿀벌이 4분의 1 이상 죽었다. 또 2010년 우리나라에서는 토종벌의 76%, 2013년 캘리포니아 일대의 꿀벌은 40~50%가 폐사했다.
- 아프리카와 오스트레일리아 대륙에서는 기록적인 가뭄으로 여러 해째 곡물 생산이 엄청나게 줄고 강물은 말라

버렸다.

- 중국 청해성의 호수 4,000여개 가운데 반이 말라 버리기 시작하였고, 2008년 사천성 지방의 대지진과 미얀마를 강타한 대규모 풍수해는 그 피해를 계산하기가 힘들 정도이다.

왜 이런 엄청난 일이 벌어질까요? 왜 이런 일은 가난한 이들이나 핍박받는 이들에게 더 집중적으로 닥쳐들까요? 이런 대재앙은 우리에게 무엇을 일러주고 있을까요?

한마디로 "정신 차리라"는 것입니다. 바르게 살라는 것입니다. 함께 살라는 것입니다. 지금 우리가 그리고 인류가 '제정신'인 사람이 얼마나 됩니까? 말을 그럴싸하게 만들어서 지구온난화니 기후변화니 하지만 사실 이것은 지구가 '고열' 때문에 요동치는 것이 아닐까요? 사람들이 밤낮없이 불을 때니 독가스가 자욱하고, 또 사시장철 산을 자르고 바다를 메우고 시멘트와 아스팔트로 숨구멍을 막으니 지구가 살기 위해서, 자기 조절을 하기 위해서 안간힘을 쓰고 요동을 치는 것이지요.

그러면 지구촌 세상사는 어떻습니까? "제대로 살자, 함께 살자!"는 희망의 목소리는 연약한데 "나만 살자, 내일은 없다"는 식의 절망스러운 모습은 도를 넘었습니다. 이런 모습은 너 나 할 것 없이 마찬가지인 것 같습니다만, 강대국이라는 나라와 돈 많은 사람들이 더한 것 같아 보입니다.

이 모든 일의 원인은 잘못 가르친 것이고 헛배운 탓입니다. 물론 이런 현상은 앞서 이야기한 '지구고열증상'과 서로 원인이 되고 또 결과가 되기도 합니다만, 돈 때문에, 물질 때문에 사람끼리 특히 강대국들이 너무도 많은 잘못 - 생명을 파괴하고 억누르는 일 - 을 저지르고 있습니다.

- 마실 물이 모자라거나 적절치 못해 고통을 겪는 사람이 10억 명이 넘고, 하루 수입이 1,000원이 못 되는 사람들의 숫자 또는 그러하다.

- 전 세계 군사비는 1조 5,000억 달러를 넘어섰는데, 이중 반만이라도 가난한 이들을 위해 쓰면 이들의 소득을 배로 늘어나게 할 수 있다.

- 배고픈 사람들이 12억 명이나 되고 굶어죽는 이들이 해마다 수천 만 명인데, 미국 국민의 60%는 과체중(비만)이요 우리나라 사람들 중 스무 살 이상의 32%도 과체중이며, 중국인의 11%는 당뇨병 환자다.

- 해마다 숲이 1,000만 헥타르 이상 벌채되고 600만 헥타르 이상의 땅이 사막으로 변하는데, 부자나라들은 고기를

더 싸게 더 많이 먹기 위해 아마존 강 유역을, 열대림을 더 많이 태우고 갈아엎는다.

- 미국은 석유 에너지를 지배하기 위하여 중동 지방을 계속 무력으로 간섭·지배하고 있고, 중국은 2008년 봄에 독립이 아니라 '자치'를 요구한다고 티베트 인민을, 2009년 봄에는 인종 차별에 항의하는 위구르족을 무차별 학살하고 있다.

호모 사피엔스(Homo Sapiens), 즉 슬기로운 사람이라는 우리 인류의 수준이 겨우 이 정도, 맨 날 그 모양입니다. 모든 생명은 아닐지라도 사람 생명이라도 마구 대하지 않는 아주 소극적 의미의 '평화로운 시대'가 인류 역사에 얼마나 있었는지 되돌아볼 일입니다.

더 많이, 더 편하게 갖고 누리기 위해 더 많은 물질, 더 많은 수단 그래서 더 많은 돈을 추구하는 세상이다 보니 사람보다는 돈이, 정신보다는 물질이 주인이 되고 우선시되었습니다. 돈벌이 때문에 돈 놓고 돈 버는 '도박판 자본주의(Casino Capitalism)', 속도에 가속도를 다투고 부추기는 '속노내기 자본주의(Speed Capitalism)'와 같은 것이 지구촌을 '하나의 판(=시장)'으로 편성하고 국경을 낮추거나 해체하여 모든 사람을 이른바 '국경 없는 무한경쟁'으로 몰아갑니다.

그렇다면 과연 '무한경쟁'의 종착역은 어디일까요? 이렇듯 세상은 돈벌이 때문에 시끄럽고 뜨거워져 이른바 '사회 과열 증'이라는 심한 병에 걸려 있는 것입니다. 저는 현대과학기술 문명의 성취를 전부 백안시하는 것은 아닙니다. 그러나 이제 는 정말 스스로와 주변을 그리고 가능하다면 전체를 다시 한 번 되돌아보지 않으면 우리 모두 '생명 절멸이라는 쓰나미'에 휩쓸려갈지도 모르겠기에, 심호흡을 하고 걸음걸이를 늦추고 생각을 가다듬어보자는 것이지요.

우리나라는 어떻습니까? 한반도의 남과 북은 어떻습니까? 지구 고열증과 사회 과열증이 전면화되고 심화되고 있는 곳이 바로 우리가 사는 이곳입니다. 남쪽은 너무 많아서 병이 깊어지고 북쪽은 너무 모자라서 병이 깊어지는 그 차이 뿐이지요.

원래 병이라는 것은 합병증이 무서운 것이고, 건강하지 못한 것이나 질병은 조화와 균형이 깨지는 곳에서 비롯되는 것입니다. '지구 고열'과 '사회 과열'의 합병증. 조금 더 병명을 확실하게 하면 '화석연료 과다소비병'과 '돈벌이 제일주의병'이 합쳐진 것이 지금 이 순간 지구 생명의 삶을 더욱 악화시키고 모든 생명의 치유를 힘겹게 하고 있습니다.

우리는 어디로 가야 하나 – 통일 신문명국의 길

우리는 앞에서 지금이야말로 우리와 지구 생명의 생사가 걸려 있는 비상한 때이며, 그 병명은 지구 고열과 사회 과열의 합병증이라는 것 그리고 우리나라는 남북 분단 상태에서 제2의 개항을 겪고 있다는 것을 더욱 주의 깊게 챙겨야 한다는 점을 확인했습니다.

이제는 나의 병, 세상의 병, 지구의 병을 치유하는 일만 남았습니다. 치유의 핵심은 '열을 낮추는 것'입니다. 치유의 과정은 다음과 같은 3단계로 나아갈 것입니다.

* 해독의 과정 : 나, 세상, 지구에 꽉 차있는 독을 제거하는 일
* 청혈의 과정 : 깨끗한 생활방식과 산업을 조성하는 일
* 순환의 과정 : 모든 구성단위가 유기적으로 소통·기능하는 일

개인이건 집단이건 사람은 분명한 목표 → 올바른 방향 → 적절한 과제 → 효과적인 계획수립과 추진체계 확립으로 꾸준히, 집중적으로 실천하면 엄청난 결과를 만들어 낼 수 있습니다.

지금 우리 대한민국 공동체의 '목표'는 무엇입니까? 목표가 있기는 합니까? 1인당 국민소득 몇 만 불 달성은 얼핏 보면

목표 같지만, 어떤 목표에 도달하기 위한 하나의 수단인 것입니다. 적어도 민족 단위, 더구나 이 비상한 상황에서의 '목표'는 인간의 잠재 역량을 깨우고 민족의 동력을 분출시켜 인류 문명의 진보에 값하는 그 무엇이어야 할 것입니다. 그렇다면 우리의 목표는 무엇으로 정리되어야 할까요? 저는 우리의 목표를 '통일된 새로운 문명국가의 건설'이라고 생각해 봅니다.

통일의 길

우리 민족의 분단은 민족의 갈라짐에서 비롯된 온갖 불안과 불행이 계속됨과 함께 동북아와 세계평화의 교란 요인이 상존함을 뜻합니다. 동시에 2차 세계대전과 미·소의 냉전적 대결이 모두 해소되었지만 한반도에서만은 계속 잔존하는 이를테면 '문명의 지체'를 말하는 것입니다. 따라서 우리 한민족이 통일을 이룬다는 것은 민족의 평화, 동북아와 세계의 평화를 위한 새로운 토대 형성과 함께 인류문명의 일대 진보를 뜻하는 것이지요. 그러므로 우리의 통일 사업은 민족적이며 인류적임과 동시에 문명사적 함의를 갖습니다.

우리의 통일 사업은 부분적인 굴곡은 있을지라도 1990년대 이후 지금까지 통일의 수단과 경로 그리고 통일된 국가 형태에 대해서는 남북과 관련 강대국 사이에 일정한 합의가 이루어진 상태입니다. 즉 통일의 수단은 평화적 수단이며 그 경로는 '교류 · 협력 → 신뢰구축 · 평화체제 → 통일'로, 국가형태는 남북연합(국가연합과 낮은 단계의 연방제)으로 합의되었습니다.

저는 남북이 합의하고 실천하고 있는 통일의 수단, 경로, 국가 형태 등 모두가 소중하다고 생각하면서 꼭 그렇게 되기를 소망합니다. 그러나 통일은 우리가 소망한 대로 되지 않을 수도 있기 때문에 '올바른 준비'야말로 통일을 이루는 제일 요소라 하겠습니다. 즉 통일을 위해 늘 준비하고 있다가 '통일을 이룰 어떤 상황'이 되면 그것을 주체적으로 견인하여 통일을 이루어야 한다고 생각합니다. 그런 점에서 저는 통일로 가는 길을 내부통일, 소통일, 대통일로 생각해 봅니다. 이것은 통일의 수단, 방법, 경로, 국가 형태 등에 대한 정교한 공정이 아니고 큰 골격과 큰 내용에 대한 것입니다.

내부통일

우리 대한민국 공동체 내부의 통일에 대한 합의 수준을 높이고 준비를 충실히 하는 일을 말합니다. 우리의 남북분단은 일본군의 무장해제를 위한 미 · 소 양군의 38도신 진주로 비롯되었지만, 우리 민족 내부의 심각한 분열상도 분단을 고착시키는 데 큰 요인이 되었던 점을 잊지 말아야 합니다. 특히 모스크바 삼상회의 결정 사항을 두고 좌 · 우 진영이 찬탁과 반탁으로 완전히 갈라져서 폭력적 대결을 벌인 것은 남북분단의 초기 고착단계에 결정적 계기가 되었습니다.

이러한 역사의 경험을 우리는 잊어서는 안 됩니다. 따라서 우리의 내부통일은 좌 · 우 양극단을 배제 내지 극복하고 '역동적인 중도 통합의 길'을 가야 합니다. 이를테면 남북분단과 통일문제 있어서 '미국 만악론(萬惡論)', '북한 악마론'과 같은 날 선 대립은 현실적으로나 이론적으로나 그렇지 않은 것을 그런 것으로 규정하고, 스스로의 인식과 실천의 범위를 한정하는 잘못을 범하는 것이지요.

인간사회에 완전한 내부통일이란 없다는 것을 전제하고 서로 다른 관점과 이해관계를 용납하면서 더 좋은 것을 합의해내는 노력과 함께 그러한 문화와 풍토를 조성하는 것은 우리의 통일 사업에 기본 동력이 될 것입니다. 쉬운 말로 내부통일도 못 이루면서 어찌 남북통일을 이루겠습니까?

소통일

남과 북이 통일을 위해 꾸준히 대화, 협력하고 신뢰를 높이면서, 통일의 조건이 무르익으면 바로 통일로 들어가는 것을 말합니다. 우리의 통일은 우리가 소망하는 대로 또는 우리가 준비하는 대로 되지는 않을 것입니다.

그러나 제대로 준비하고 있으면 반드시 '때'가 오거나 '틈'이 날 것입니다. 그때 통일에 대한 지나친 형식논리에 함몰되지 말고 주·객관적인 상황과 조건을 활용하여 그 당시 수준에 맞는 통일을 이룩하는 지극히 유연한 통일론을 말합니다.

대통일

이것은 영토적인 통일론이 아닙니다. 세계 각지에 퍼져 살고 있는 한민족의 경제적, 문화적 연대를 말합니다. 우리는 이를 '코리안 글로벌 네트워크(Korean Global Network)'라고 부를 수 있을 것입니다. 우리는 연해주에서 북한 노동자, 고려인 동포, 백러시아인과 함께 서로 도움이 되는 여러 가지 일을 벌일 수 있으며, 미국 캘리포니아주에서는 남북이 함께 자본과 노동력을 합쳐 칼로스 쌀을 생산할 수도 있고, 일본 오사카 시장에서는 민단과 총련 그리고 대한민국 국민이 함께 신용협동조합을 운영할 수도 있을 것입니다.

우리의 통일 사업은 국제적 여건이 무르익지 않아서 그렇지 내부통일, 소통일 특히 대통일 사업의 영역에서 남북의 공동 이익이 승진되어 바로 통일의 열매를 딸 수 있을 정도로 무르익는 그런 길을 만들어 가야 할 것입니다. 우리의 통일은 내부통일, 대통일, 소통일을 통일하는 과정에서 통일될 것입니다. 그리고 그 통일은 통일 이후의 혼란을 최소화하고 세계 각국의 이해를 높이는 데 기여할 것입니다.

통일된 나라의 바람직한 모습

우리가 이루어야 할 통일된 조국의 바람직한 모습은 어떠해야 할까요? 저는 그 모습을 평화의 나라, 생명의 나라, 문화의 나라로 그리겠습니다.

우리가 통일된 조국의 모습을 그려보는 것은 크게 두 가지의 적극적인 뜻을 줍니다. 하나는 통일된 공동체에서 이룩할 청사진을 연구, 토론, 교육함으로써 '새로운 문명의 건설'에 대한 국민적 합의와 이상을 드높이는 것입니다. 또 하나는 그런 작업을 하면서 도출되는 것을 통일 이후에 실천하기보다는 '지금 이곳에서' 실현함으로써 통일에 대한 공동체적 소망을 더욱 현재화하는 것입니다.

저는 통일된 조국에서 누릴 우리의 삶의 양식과 문명 양식은 적어도 우리 인류가 지금까지 건설했고 도달한 사회구조와 문명 양식을 창조적으로 극복하는 모습이어야 한다고 생각합니다.

우리가 이룩할 통일 조국의 모습 아니 '지금 이곳에서' 부지

런히 모색하고 실현할 바람직한 모습과 내용은 대략 이럴 것입니다. 보다 많은 것을 남보다 더 많이 소유하고 소비하기 위한 사회구조의 극복, 즉 독점과 차단의 구조를 극복한 '공존과 순환의 구조'를 어떻게 수립하고 운용할 것인가?

또한 대량생산-유통-소비-폐기의 문명 양식과 구조가 작동되도록 하는 화석연료 다소비형 문명 양식을 극복하고 적정생산-유통-소비-최소폐기의 문명 양식과 구조가 작동되도록 하는 '생명과 살림의 문명 양식'을 어떻게 가능토록 할 것인가?

이렇게 독점과 차단에서 공존과 순환으로, 죽음과 죽임에서 생명과 살림으로 일대 전환을 가능하게 하기 위해서 우리들의 세계관, 생산 양식, 문명 양식은 어떻게 변화되어야 하며, 그것이 가능하게 되는 현실적인 방략은 무엇인가?

우리들의 통일 논의는 최소한 이런 세상을 만들기 위한 민족사적인 대업을 넘어선 '인류사적인 위업'이 되어야 할 것입니다. 저는 우선 선언적으로 그 모습을 이렇게 정리해 봅니다.

"우리의 통일된 조국은 군사강국을 넘어선 평화강국인 평화의 나라이어서 좁게는 동북아시이, 넓게는 세계에 평화를 나누어 주는 나라이어야 하고, 또한 우리의 경제력은 국토생태계와 자연의 원(原)생산력에 토대한 경제강국을 넘어선 생명의 경제, 생명의 나라가 될 것이며, 우리의 문화력은 지식 · 정보는 물론 지혜를 바탕으로 하고 진 · 선 · 미 · 영성을 드높이는 높은 문화의 나라가 되어야 할 것입니다. 그래야 오랜 역사에서 고난 받던 한민족이 통일을 통해 한계에 부딪혀 어쩔 줄 모르는 인류에게 희망을 제시하는 도반(道伴, 불교용어로 바름을 행하는 자들을 의미함)이 될 것입니다."

지금 여기서 무엇을 실천할 것인가

사는 것이 힘겹다고 야단입니다. 청년 실업자가 100만에 육박하고 비정규직 노동자가 전체 취업자의 절반이 넘습니다. 석유 값을 필두로 식료품 값, 원자재 값이 폭등하고 음식점, 재래시장에는 눈에 띌 정도로 손님이 줄어들었습니다. 어학연수, 무슨 체류형 연수니 하는 새로운 탈출형 교육 이민이 엄청나고 부동산 투기는 국내외를 가리지 않습니다.

정부는 경제를 살린다고 야단법석입니다. 그런데 정말 경제를 살릴 수 있는 것일까요? 조세, 금융, 재정 수단을 동원하여 정말 경제를 살릴 수 있는 것입니까? '경제를 살린다'는 것은 무엇입니까? 근본을 살피고 기본을 튼튼히 하며 급한 데를 제대로 손보는 그런 종합적인 노력 없이 무엇 하나 제대로 '살릴 수' 있단 말입니까? 우리나라와 전 세계를 뒤덮고 있는 어둡고 두려운 먹구름은 비단 경제만의 문제가 아닙니다.

지금은 전면적이고 총체적인 위기 앞에 지구생명이 서 있는 상황입니다. 1970년대 초 제1차 석유 위기가 왔을 때, 에너지 절약이니 대체 에너지니 하면서 야단법석이더니 석유 값이 내려가자 언제 그랬냐는 식으로 석유를 펑펑 쓰면서 오늘에 이르렀습니다. 그런데 같은 일을 겪고도 스웨덴은 달랐습니다. 석유의존율을 낮추는 종합적인 노력을 30년 이상 꾸준히 실천하여 드디어 2007년 봄, 그들은 전 세계를 향하여 앞으로 15년 안에 석유를 한 방울도 안 쓰는 사회로 이행한다고 발표하였습니다. 놀랍지 않습니까?

이제 정말 '살길'을 찾고 스스로, 함께, 꾸준하게 실천해야 합니다. 살길은 있습니까? 혹 너무 늦지는 않았을까요? 우리는 온갖 지혜를 모으고 정성을 다해 '살길'을 찾고 함께 그 길을 넓혀가야 합니다. 그것이 우리 모두가 함께 살 수 있는 유일한 길이고, 지금 이 땅에서 가장 고매하게 인간답게 사는 길이기에 그렇습니다.

'갈라짐'은 온갖 고통의 뿌리이고 '지나침'은 모든 불행의 씨앗입니다. 당연히 '하나됨'은 모든 기쁨의 뿌리이고 '알맞음'은 모든 행복의 씨앗이지요. '사람과 자연의 갈라짐'이 현대문명과 뭇 생명의 고통의 뿌리임을 알진대 우리가 살길은 '사람과 자연의 하나됨'입니다. '사람과 사람의 갈라짐'이 세상의 불만, 고통, 차별의 원천임을 알진대 우리가 가야 할 길은 '사람과 사람의 하나됨'입니다. 우리는 거대화, 대량화를 극복하여 '알맞음'을 통해서 갈라짐을 극복하는 길을 만들려고 합니다.

우리는 앞에서 생명의 나라, 평화의 나라, 문화의 나라를 향하기 위해 오늘의 독점과 차단의 사회구조를 공존과 순환의 그것으로 바꾸어 내고, 죽음과 죽임의 문명 양식을 생명과 살림의 그것으로 바꾸자고 했었던 것을 다시 한 번 확인합니다. 그 길은 생명과 평화의 길입니다. 생명과 평화라는 열쇠말로 생각을 정리하고 물질토대를 바꾸고 생활 방식을 바꾸고 종합적인 치유의 길을 가야겠습니다.

생명과 평화의 길

우리가 함께 살길은 공존과 순환이라는 세상의 틀을 만들고 생명과 살림이라는 삶의 양식을 만드는 것입니다. 이를 위해서는 병든 나와 너, 세상, 지구를 함께 치유할 종합적 처방이 나와야 하는데 그 종합 처방의 약재는 이미 확인되었습니다. 바로 '생명'과 '평화'가 그것입니다.

생명은 어떤 특성을 가지고 있습니까? 그러한 특성을 나의 것으로, 우리의 것으로, 모두의 것으로 하면 될 것입니다. 생명의 특성을 제대로 발현되도록 하는 것이 살길입니다. 그것은,

첫째, 다양성을 존중하는 것입니다.

둘째, 관계성을 강화하는 것입니다.

셋째, 순환성을 구조화하는 것입니다.

다양성, 관계성, 순환성을 드높이는 것이 모든 부면 – 정치, 경제, 사회, 문화, 종교… – 에 관철되어야 합니다. 이제는 길을 하나 내어도 그전처럼 '얼마만큼 시간이 단축되느냐'가 기준이 되면 안 됩니다. 길 주변의 생태적, 문화적 다양성을 고려하고 마을과 마을, 도시와 농촌의 관계성을 강화해야 하고 물질 순환이 원활한지를 따져야 합니다.

생명은 바탕이고 평화는 집입니다. 생명의 열쇠를 가지고 평화의 문을 열어야 합니다. 평화는 세 가지가 중요한 것 같습니다.

첫째, 나의 평화(내면의 평화)

둘째, 나와 너의 평화(사회의 평화)

셋째, 참평화(자연과의 일치)

생명과 평화의 길을 찾고 넓히는 것은 생각과 생활을 바꾸는 개인적이고 사회적인 노력이 통합되어야 하지만, 특히 경

제와 문화를 획기적으로 바꾸어 내야만 모든 전환이 빨리 그 쪽으로 촉진될 것입니다. 그렇게 하기 위해서 우리는 '생명의 경제'를 위한 경제 틀을 획기적으로 '다중경제'로 바꾸어 내야 할 것입니다. 그를 위해서는 다음과 같은 일들이 필요할 것입니다.

첫째, 지금의 자본 중심의 시장경제를 존중하며 사회적, 국제적으로 적절히 통제하는 일.

둘째, 지금의 인적, 물적 협동의 틀인 협동의 경제를 더욱 더 강조하는 일.

셋째, 지금의 인간 중심 경제 틀인 공동체 경제를 새로운 시각에서 강조하는 일.

그래서 협동의 경제와 공동체 경제가 생명의 경제를 튼튼히 하는 기본토대가 되게 하고, 자본 중심의 시장경제는 여러 수단을 동원하여 '지속가능한 경제'로 가도록 해야 할 것입니다. 생명의 경제, 다중경제와 함께 우리는 교육과 종교와 언론의 역할을 보다 더 중요하게 조명하고 '생명의 문화'로 바꾸어 내야 할 것입니다. 아마도 21세기의 종교는 앎과 믿음과 깨달음이 하나된 그러한 종교가 나오든지 재탄생할 것입니다.

교육은 지금과 같은 자유냐 평등이냐 하는 식의 낡은 교육관에 토대한 교육이 아니라 개인, 사회, 자연을 통합한 새로운 문화인을 교육하는 것으로 바뀔 것이며, 영성과 지구공공성을 강조하는 교육 내용이 기본 토대가 될 것입니다.

시민사회운동의 전환

과거의 운동, 지금까지의 운동은 주로 '인간과 인간 사이의 사회적 관계, 역할, 지위 등을 중심으로 하는 것'이었습니다. 그래서 제반 특권을 타파하여 자유를 확장하고 사람에 의한 착취를 통제하여 평등한 세상을 만드는 데 큰 몫을 했습니다.

자유와 평등은 계속 신장돼야 합니다. 그러나 이제 그 자유와 평등은 사람뿐만이 아니라 뭇 생명으로까지 확장되어야 합니다. 그리고 뭇 생명을 생명답게 하는 무기물까지 생각하는 운동 지평의 확대가 필요합니다. 이제 새로운 운동은 앞에서 말한 인간과 인간 사이의 사회적 관계를 넘어 '인간과 뭇 생명과의 우주적 관계'를 포괄하는 것으로 결정적 전환을 해야 할 때입니다.

그리고 방법론적으로는 구상은 크게 하고 실천은 구체적으로 하는 그런 운동이 '살길'을 찾고 넓히는데 큰일을 해낼 것입니다. 사람이 사는 데 제일 중요한 것은 공기와 물과 밥과 불입니다. 따라서 식량, 물, 에너지, 기후 변화에 대한 전체적, 지역적, 개인적 차원의 구체적 운동이 지역 차원의 경제 활동과 생활

실천 활동으로 전개될 수 있도록 생각을 모아야 할 것입니다.

마지막으로 실천에 대해 아주 긴요한 한 가지만 말씀드리도록 하겠습니다. '아끼는 것'이 실천의 눈동자가 되어야 합니다. 아끼는 것은 사랑하는 것입니다. 아끼는 것은 모시는 것입니다. 아끼는 것은 함께 하는 것입니다.

* 이 글은 민주화운동기념사업회가 개최한 〈2009 서울 민주시민아카데미 - 성찰하는 삶, 우리 사회 희망을 찾다〉의 제1강 '우리는 지금 어디에 있으며 어디로 가야 하나?(2009년 8월 27일)'의 원고를 바탕으로 재구성한 것입니다. 글의 내용은 이 책의 전체 주제를 요약한 것으로 이후 부분에서 좀 더 자세히 서술되고 있습니다.

1장

생각을 바꾸자 – 평화생명의 세계관

대전환의 시기에는 생각을 바꿔야 한다

이 시대를 살고 있는 사람들은 누구나 현재의 일상생활 속에서 부딪치고 있는 자신들의 문제가 가장 대단한 것이라고 생각해 버립니다. 하지만 가장 근본적이고 절실한 문제는 무엇일까요? 지금 이 순간, 정말로 심각한 것은 생명이 절멸되어 가는 현상입니다. 다른 말로 하면 이 지구상에 존재해 왔던 생태계의 종이 하나 둘씩 없어져, 일 년에도 수만 종이 없어져 가고 있는 그야말로 엄청난 재앙인 것이지요. 그런데 그것이 미래에 대한 예언이거나 소설 속의 이야기가 아니라 바로 지금 우리 눈앞에서 진행되고 있는 일이기에 더 걱정스러운 것입니다.

쉽게 한 번 생각해 봅시다. 3년 전에 구제역이 대규모로 전국을 휩쓸면서 두 발굽 짐승 수백 만 마리를 이른바 살처분이라고 하여 산 채로 묻었고, 거기에 닭이나 오리와 같은 가금류 수백 만 마리를 포함하면 거의 천만 마리 정도의 가축이 비명에 사라졌습니다. 그런데 세월이 3년도 지나지 않았는데도 우리들은 그때의 충격적인 모습은 다 잊어버렸어요. 매몰된 가축이 썩으면서 나오는 침출수 문제까지도 포함하여 세상을 떠들썩하게 했던 엄청난 사건이었지만, 지금 와서 생각해 보면 학습효과는 별로 없었다고 생각됩니다.

또 하나의 예를 들어 보지요. 구제역 파동과 거의 같은 시기에 나온 이야기인데, 정부통계로는 우리나라 토종벌이 76%가 죽었다고 그랬어요. 토종벌을 직접 기르는 사람들이나 그 단체의 통계로는 97%가 사라졌다고 합니다.

며칠 전 제가 십 수 년 전에 농사를 짓던 산골로 풀을 베러 갔다가 그 동네의 이장을 만났습니다. 그분은 농사도 많이 짓고 특히 무농약 토마토 농사도 크게 하는 분입니다. 반가운 마음에 물었지요.

"요즘 제일 어려운 게 뭡니까, 멧돼지 피해는 없습니까?" 라고 했더니 "멧돼지 피해보다도 벌이 없어져서 큰일입니다." 라는 대답이었습니다. 그래서 "그게 무슨 이야기입니까?" 하고 물었더니, 그동안 벌들이 죄다 죽어가지고 다섯 통밖에 안 남았다는 겁니다. 그 마을은 주민들이 정한 양봉금지구역으로 토종벌이 대략 70여 통 있었던 것으로 기억하고 있어요. 그런데 그 벌들이 사라져 버렸다는 것입니다. 그래도 올해 최선의 노력을 해서 열한 통으로 그나마 약간 늘었다고 합니다.

이것은 보통 절박한 문제가 아닙니다. 삶의 현장에서 그런 일들을 직접 겪고 사는 사람은 쉽게 이 심각함을 체감하게 됩니다. 그렇지만 전반적으로 도시화된 생활을 하게 되면 몸으로 느껴지는 정도가 약해집니다. 예를 들어 수돗물이 늘 그냥 나오고, 때 되면 밥 먹고, 스위치 하나로 전깃불이 켜지는 환경에서 살다 보면, 책이나 보도를 통해서 심각하다는 이야기가 들릴 때 한 번은 그런가 보다 하고 생각하지만 금방 다 잊어버립니다.

무엇보다 심각한 것은 생명의 질서가 무너지고 생명의 연결 고리가 끊어져 가고 있는 것입니다. 즉 생태계가 파괴되고 생명이 죽어 가고 있는 상황이 문제라는 것이지요. 이게 모든 것을 규정하고 있는 뿌리입니다. 그런데 우리들은 그 이야기는 그냥 쉽게 지나쳐 버립니다. 그리고 보통 이야기하는 것은 양극화 문제라든지 가난한 사람을 복지망으로 어떻게 싸안을 것인가 하는 사회적으로 절실하게 보이는 주제들이지요. 그게 잘못된 것이라고 말하고 있는 것은 절대 아닙니다. 그건 인간사회의 이야기로는 맞는 것이지요.

그러나 우리에게는 좀 더 근본적인 문제를 이야기하지 않으면 안 되는 시점이 이미 오래 전에 도래했습니다. 인간이라는 것이 결국은 우주 질서 속의 일원이고 지구생태계의 일원이기 때문에, 자연이 무너지면 인간은 결국 존재할 수 없다는 것을 의미합니다. 자연의 문제, 생명질서의 파괴 문제가 사실은 인간사회의 문제를 근본적으로 규정하고 있음을 말하고 있는 것입니다. 그러므로 우리는 이 두 가지 문제, 즉 자연의 문제와 인간사회의 문제를 동시 파악해서 대책을 세워야 합니다. 그러기 위해서는 지금까지 나왔던 사회개혁론이라든지 환경운동 이런 것만으로는 안 되고, 문명 자체를 대전환하는 시각이 필요합니다. 그리고 바로 그 토대 위에서 이 사회구조를 어떻게 바꿀 것인지를 이야기해야 합니다.

그런데 논의가 실제로는 그렇게 진행되지 못했습니다. 지금 우리를 지배하고 있는 모든 사고방식 자체가 분석적이다 보니 대안도 거의가 부분적이고 대증요법과 같은 것이 주류를 차지하고 말았습니다. 그러니 종합적이고 서로 연결되어 있는 대책이 안 나와요. 바로 이런 상황이기 때문에 나는 대전환을 강하게 주장하고 있는 것입니다. 대위기이기 때문에 대전환을 해야 한다는 명제를 가지고 이야기를 하고 있는 것이지요.

무엇이 문제인가

그렇다면 먼저 왜 이런 상황이 생겨나게 되었는지를 잘 파악해야 되겠지요. 그래야 해결책도 내놓을 수 있습니다. 왜 이렇게 되었을까요? 우선 인간의 문명을 거슬러 올라가 봅시다.

지난 2세기 동안 지구의 인구는 7배 늘어났는데 경제규모는 68배나 팽창했습니다. 그러면 쓰레기, 곧 생활쓰레기와 산업폐기물은 최소한 100배 이상 늘어났을 것입니다. 가히

'쓰레기 대란'이라고 할 수 있겠지요. 현대문명은 어찌 보면 '쓰레기 문제'를 해결하지 못하고 있는 '거대 쓰레기 증후군'일 지도 모릅니다.

1970년대는 인류역사나 지구생명의 역사에서 아마 제일 중요한 연대로 기억될 것입니다. 앞으로 후세 사가들도 그렇게 기록을 할 가능성이 크다고 생각합니다. 1972년에 스웨덴 스톡홀름에서 세계 각국의 대표들이 모인 '인간환경회의'가 열렸습니다. 그 때 환경의 중요성이 국제적으로 부각되었고 '공해(public pollution)'라는 말이 나왔습니다.

그리고 70년대에 제일 중요한 것이 또 무엇인가 하면, 바로 '성장의 한계'라는 말의 등장입니다. 역시 1972년에 '로마클럽(The Club of Rome)'에서 『성장의 한계(The Limit to Growth)』라는 보고서(여기에서는 자원고갈이 초래할 세계적 위기를 경고하고 있다)가 나왔습니다. 전체적으로 볼 때 70년대는 인류가 생산한 것이 수요를 넘어선 연대입니다. 결국 대량생산, 대량소비, 대량폐기, 즉 쓰레기 문제가 본격적으로 대두된 것이지요. 그래서 1973년에는 슈마허의 『작은 것이 아름답다』는 책이 나오게 됩니다.

그런데 그것으로 끝난 게 아니었습니다. 70년대 이후 대량생산과 함께 소비가 폭발하고, GNP가 급팽창하면서 인구가 폭발하는 등 정신없는 세상이 된 겁니다. 그러다 문득 되돌아보니 이게 단순한 환경문제 차원이 아니라는 것이 눈에 보이게 된 것이지요. 결국 인구폭발, 소비폭발, 자원고갈, 사회적으로는 자본의 독과점화로 치닫게 되었던 것입니다. 모든 게 거대(문명)로 치닫고, 그러다 보니 그것이 양극화 문제로 나타났습니다. 세계경제에서는 남북문제가 되고 제3세계 문제가 되었지요. 다 같은 것인데 그 표현되는 양식이 하나는 사회구조적 모순으로 나타나고 다른 하나는 문명의 모순으로 나타난 것입니다.

그래서 70년대를 가장 정확하게 보아야 했었습니다. 그때부터 정직하게 대응했어야 하는 것이었는데 그렇게 하질 못했지요. 그냥 계속 성장으로 치닫다 보니까 2000년대에 들어와서는 손을 써도 과연 될 것인가 할 정도가 되어 버렸습니다. 결국 제가 자주 쓰는 말로 '인류문명이나 지구생명의 임계점'에 와 버렸다 이 말이지요. 이미 임계점을 넘어섰을지도 모릅니다. 그러나 우리는 조금 더 희망적인 관측을 하기 위해서 "임계점에 온 것 같다" 이렇게 보고 있는 것입니다.

그래서 결국 사회구조적 모순과 문명의 모순을 동시에 파악해서 동시에 해결할 수 있는 노력이 필요한 것입니다. 그런 노력을 하지 않는 한, 지금 부분적으로 조금씩 몇 가지 개선되는 것으로는 우리에게 닥친 문제를 근본적으로 극복하는 일은 어려운 일이겠지요.

또 한 가지 생각해야 할 것은 하나의 현상이 갖는 두 가지 모습들에 대한 올바른 이해가 필요하다는 점입니다. 예를 들어서 지구의 온난화로 기후 변화가 격심해지고 있습니다. 전반적으로는 지구 온도가 상승하자 온갖 전염병이 돌고 식량이 모자라고 홍수, 쓰나미 피해 이런 게 심해지는 측면이 나타나고 있지요. 그리고 다른 한편으로는 북극해의 얼음이 녹아내리는 현상이 발생하고 있습니다. 남극해도 마찬가지로 천천히 녹고 있지요. 북극해의 얼음이 녹았을 때 쇄빙선을 사용하지 않고 북극해를 거쳐 유럽으로 가는 것을 생각해 봅시다.

우리 상선이 암스테르담으로 가는데 보통은 수에즈운하를 통해 가니까 부산항에서 2만 킬로미터의 거리가 된다고 합니다. 그런데 북극해로 가면 약 7천 킬로미터가 줄어 1만 3천 킬로미터라고 하니까, 좀 빠른 배들이 하루에 보통 400~500 킬로미터를 간다고 하는데, 그러면 약 15~20일이 앞당겨진단 말입니다. 물론 지금은 일 년에 넉 달간 그냥 다닐 수 있어요. 지구온난화로 얼음이 점점 녹으니까 앞으로는 이용할 수 있는 기간이 더 길어지겠지요. 그러다 보니 이제 이쪽 측면만 보면 물류 허브가 싱가포르에서 부산으로 이동한다, 그러니 준비해야 한다는 말이 나오게 됩니다. 그것 또한 맞는 이야기이지요.

그래서 우리는 전반적으로 생각을 다시 정리할 필요가 있는 것입니다. 생명이 죽어 가는데 물류가 단축되는 게 무슨 의미가 있으며, 또 물류가 단축되는 것을 생명 살리는데 어떻게 써야 할 것인가 하는 그런 정도의 문제의식으로는 이 시대를 헤쳐 나가는 것이 어렵다고 보는 것이지요. 그래서 바로 대전환이라는 관점이 필요한 것입니다. 왜 상황이 이렇게 되어야 했는지에 대해 심각하게 물어야 함과 동시에 어디로 가야 할 것인지를 생각해야 하겠지요.

누구나 다 알고 있는 것이지만 다시 한 번 생각해 봅시다. 소수의 거대 금융자본이 세계화를 촉진하고, 또 자본주의체제가 세계화되다 보니까 소수의 금융자본이 모든 걸 다 지배하게 되었습니다. 즉 자본의 세계화가 거의 완결된 상태이지요. 북한 정도만 남고 자본의 세계화가 사실상 끝난 것이라고 보아야 하는 거 아닐까요. 상당히 강력한 산업자본이 제조업을 가지고서 세계를 지배했었지만 이미 산업자본의 영향력은 크게 줄어들었고, 금융자본이 그 자리를 대신하게 된 것입니다. 그걸 아주 쉬운 말로 하면, '돈 놓고 돈 먹기 세상'이 된 것이라고 할 수 있지요. 속된 말로 도박판 자본주의, 카지노 캐피털리즘이라고 표현하기도 합니다. 원래 금융이라는 것이 정상적인 사회에서는 인간의 혈액과 같은 노릇을 해야 함에도 불구하고, 그와는 정반대로 이것이 이윤을 극대화하기 위해 파생상품을 가지고 장난을 하고 그러다 보니 정신없는 세상이 되어 버린 것이지요. 실제로 지금 전 세계를 횡행하는 수십 조 달러의 돈 가운데 생산적인 곳에 쓰이는 것은 3%에 불과하고 나머지는 다 투기, 돈 장난에 쓰이고 있습니다. 그러니까 정상적인 사회구조가 될 수가 없는 것이지요.

또 우리가 잘 알고 있고 경험했었던 것처럼 산업자본의 마지막 단계는 제국주의라고 했었지요. 그래서 1, 2차 세계대전이 일어났던 것입니다. 이렇게 산업자본이 독과점화 되고 금융자본이 지배자본이 되다 보니까 인간사회는 결국 독점과 차단의 사회가 된 것입니다. 따라서 우리의 과제는 명확한 것이지요. 독점과 차단의 사회구조를 어떻게 공존과 순환의 사회구조로 바꿀 것인가 하는 것이 바로 그것입니다.

독점과 차단을 공존과 순환으로

이제 원인은 밝혀졌습니다. 독점과 차단이 문제인 것이지요. 그리고 과제도 나왔습니다. 바로 공존과 순환, 그것입니다. 그런데 이건 요새 나온 이야기가 아닙니다. 이미 19세기부터, 자본주의의 모순이 격화되다 보니까 그때 이미 다 나온 이야기들이었습니다. '자본의 사유화, 이것은 정말로 문제가 많구나. 시장경제, 이것 역시 문제가 많구나. 그러면 아예 근원적으로 자본을 사회화하면 될 것 아니냐' 하는 생각에서 사회주의와 공산주의가 해법으로 제시되기도 했던 것입니다. 그러나 러시아 공산혁명 후 70년 동안 실험해 보았지만 생각대로 되지는 않았고, 동구도 다 해보고는 '아이구! 아니로구나' 하면서 손을 들게 되었습니다. 그 방법은 아니라는 것이 판명된 것이었지요.

소련이나 동유럽에서는 지구 전체를 그렇게 하려고 했었는데, 자본의 사회화를 그렇게 국가적으로 하는 것은 어려움이 많을 수밖에 없었을 뿐만 아니라 또 다른 독점과 차단을 만들어 내는 것으로 귀결되었지요. 그러나 아직도 자본의 사회화라는 해법은 유효하다고 믿는 사람들이 꽤 있습니다. 대규모가 아닌 작은 단위는 아마도 자본의 사회화로 사적 소유의 모순을 극복할 수도 있을 것이라고 생각합니다. 그러니까 이데올로기 혁명, 프롤레타리아 혁명론이 아니라 자본의 잘못된 점들을 극복하는데 이 사회화라는 방법론은 아직도 유효한 이론으로 기능할 수 있다고 보는 것입니다.

또 다른 시도는 요새 제일 많이 이야기되는 자본의 공유라는 논의입니다. 그것을 다른 말로 하면 '호혜경제'라고 할 수 있겠지요. 그것을 요즘 유행하는 말로 하면 협동조합, 사회적 경제라는 것이 되는데, 우리나라에서는 고대 조선 때부터 그걸 신시(神市)라고 그랬습니다. 협동조합이라는 것이 유별난 것은 아닙니다. 그것은 사실 그전부터 있어 왔던 이야기들이지요.

결국 공존과 순환의 사회로 가기 위한 해법을 꾸준히 모색하고 실천하는 것이 중요합니다. 인간사회는 시장이 존재하는 것이기 때문에 그것을 잘 생각해 보면 좋을 것입니다. 시장경제라는 것은 아무리 하지 말라고 해도 있기 마련입니다. 단속을 하게 되면 암시장도 생기고 그런 것 같아요. 그래서 제가 보기에 이상적인 것은 이런 것이 아닐까 생각합니다. 즉, 하나의 사회 전체를 놓고 보았을 때, 호혜경제의 비중이 대략 60%쯤 되고 시장경제가 20% 그리고 나머지 20%는 사회화가 아니라 호혜경제보다 더 나아간 배려경제, 공동체 경제 그렇게 되는 게 가장 이상적인 모습일 것입니다. 그래야 공존과 순환이 이론적으로 가능할 것이란 말이지요.

문명대전환의 필요성

다음으로 문명의 이야기를 해 봅시다. 현대문명의 모습은 거대문명이라는 말로 규정할 수 있을 것입니다. 과학기술의

발달이 대량생산, 대량유통, 대량소비, 대량폐기와 결합되었습니다. 생산비를 낮추고 노동효율을 올리려다 보니 무엇이든지 '크게, 빠르게, 많이'가 요구되었습니다. 모든 것을 그렇게 하려다보니 거대한 동력이 필요하게 되었고, 그러면 당연히 화석연료를 사용하여 엄청난 동력(에너지)을 생산하는 그런 생산양식으로 갈 수밖에 없었던 것이지요. 그래서 이 두 가지가 원인이 되고 결과가 되고 서로 붙어서 지구생명의 임계점까지 온 것입니다. 따라서 이 거대문명, 이것을 어떻게 작은 문명으로 바꿀 것인가, 과연 그럴 수 있을 것인가를 진지하게 생각해야 합니다. 그래서 우리는 이 거대문명을 적정문명이라는 중간 정류장을 통해서 작은 문명으로 변화시켜 가야 합니다. 다시 이야기하면, 대량생산, 대량유통, 대량소비, 대량폐기가 아니라 적정생산, 적정소비, 최소폐기의 문명 즉, 적정문명으로 가는 것이 지금의 과제인 것입니다.

이와 같이 사회구조와 문명 양식을 바꾸어 가는 작업을 저는 '대전환'이라고 표현하고 있습니다. 그렇다면 그야말로 대전환이 필요한 현재의 문명의 모습을 한 번 봅시다. 인류사회가 거대문명, 대량폐기 문명으로 가다 보니까, 앞에서도 설명했듯이 대규모 에너지를 쓰고 대량생산과 대량소비, 대량폐기의 악순환을 하다 보니 결국 현대 거대문명의 내용은 죽음으로 이어질 수밖에 없었습니다. 다시 말해 '죽음과 죽임의 문명'이라고 말할 수 있습니다.

그 죽음과 죽임의 문명을 극복하고, 적정문명과 작은 문명을 통해서 우리가 이루고자 하는 문명은 '생명과 살림의 문명'입니다. 그래서 생명운동, 평화운동이라는 말이 자동적으로 나오게 되는 것입니다. 죽음과 죽임의 문명이 극에 달한 바로 그러한 때, 임계점에 서 있는 인류 거대문명과 지구생명이 그래도 생명의 문명으로 가려면, 공존의 사회로 가려면 대전환 외에는 방법이 없습니다. 인류가 살길은 부분적으로는 불가능한 것이므로 그야말로 대전환인 것입니다.

인간은 행동의 의미를 찾고 의미를 규정하는 존재입니다. 따라서 대전환을 하기 위해서는 대전환의 의미를 설득력 있게 내놓을 필요가 있습니다. 그렇다면 첫째로 세계관, 가치관의 문제를 이야기해야 해야 하겠지요. 즉 생각을 바꾸지 않으면 이게 이루어지지 않는다는 것을 인식해야 합니다. 그러면 어떤 생각으로 바꾸어야 할까요? 바로 '생명의 세계관'으로 바꾸어야 합니다. 그것은 우리만의 이야기는 아닙니다. 서양문명에서도 생태주의로 가야 된다고 하는 논의가 이루어지고 있다는 것은 널리 알려져 있습니다. 생태주의로 가야 된다는 것과 우리가 말하는 '생명의 세계관'이라고 하는 것은 똑같은 이야기라고 할 수 있지요.

그러면 생명의 세계관은 무엇일까요? 그것을 저는 아주 단순하게 생각합니다. 아주 쉬워요. 그걸 어려운 말로 하기 시작하면 끝없이 어려워지게 됩니다. 제가 보기에는 그래서는 안 돼요. 진리는 어려운 것이 아닙니다. 누구나 쉽게 이해할 수 있어야 합니다.

우선, 생명은 절대가치입니다. 다른 걸로 대신해 줄 수 있는 게 없습니다. 다른 것은 다 상대가치입니다. 그러므로 절대가치로서의 생명을 그대로 보는 것이 필요합니다. 다음으로, 절대가치인 생명은 서로 다 연결되어 있다는 것입니다. 모든 생명은 그런 면에서 평등한 것이지요. 세 번째는 생명의 모습인데, 우리는 그 모습을 잘 볼 필요가 있습니다. 생명은 생명 자체로만 있을 수 없고, 또 무생명이 있어야 생명 또한 존재하는 묘한 것입니다. 생명의 특징은 무엇이냐 하면 부드럽고 따뜻한 것입니다. 간단한 것이지요. 그러면 지금의 문명은 어떻습니까? 거대하고 차갑고 딱딱하지요. 죽임의 문명의 대표가 무엇입니까? 가장 차갑고 딱딱한 것은 사람을 죽이는 무기입니다. 총이나 대포 그런 것이 따뜻하게 느껴지지는 않을 것입니다. 물론 사람을 죽이려고 맹렬하게 쏘면 뜨거워지지요.

앞에서 따뜻하고 부드러운 것이 생명의 특성이라고 이야기했습니다. 그러면 당연히 우리의 삶, 우리의 운동은 작고 따뜻하고 부드러워야 할 것입니다. 그런 운동이 앞으로 이 세상을 바꿀 것이라고 생각합니다. 길거리에서 거대 음향장비 틀어놓고 하는 시끄럽게 해대는 그런 운동은 이미 현대문명의 바람직한 흐름에서 벗어난 것이지요. 예를 들어 조직운동을 해도, 노조 자체는 크겠지만 거대 노조가 아니라 매우 섬세한 활동, 이를테면 직접민주주의, 작은 단위의 대화와 대안, 이런 것이 살아 움직이는 운동이 요구되는 시대입니다.

지금까지의 이야기를 한마디로 정리하면 대전환을 해야 되므로 우선 생각을 바꿔야 된다는 것입니다. 이렇게 크게 한번 그림을 그려둡시다.

생명의 세계관과 평화의 가치관

다음으로 생각해야 할 것은 생명의 세계관과 평화의 가치관입니다. 그런데 생명의 세계관을 가지면 자동적으로 평화의 가치관이 따라 나오게 됩니다. 왜냐하면 평화의 가치관은 공존의 문제와 깊게 연결되어 있기 때문이시요. 궁극적으로는 인간과 자연이 공존해야 되고, 우리는 사회적으로는 너와 내가 공존해야 하는 것 아닐까요. 우리가 사회적 존재이기 때문에,

그 존재 가치의 사회적 실현을 위해서는 우선 먼저 생명의 세계관이 평화의 가치관과 꼭 같이 가야된다는 것을 알아야 합니다.

두 번째는 세상의 변화는 저절로 생겨나거나 만들어지는 것이 아니라는 점을 알아야 합니다. 우리는 아주 목적의식적으로 노력해서 생활을 바꿔야 합니다. 이 또한 우리의 생활을 반성적으로 되돌아보면 금방 대답이 나오는 이야기입니다. 지금 현재 벌어지고 있는 온갖 인간사회의 문제들을 두고 그저 세상 탓만 할 수는 없겠지요. 세상이 우리의 생활을 그렇게 규정하고 또 자기 자신이 그런 생활을 해서 세상을 그쪽으로 더 악화시키는 상황이 서로 맞물려 있다는 것입니다.

이것은 굳이 예를 들어 이야기하지 않아도 누구나 다 알고 있고 또 느끼는 것입니다. 저는 인제에서 낮에도 선풍기나 에어컨을 사용하지 않아요. 없어서 안 쓰는 것이 아닙니다. 있기는 다 있지만 일부러 쓰질 않습니다. 그런데 냉방 기구를 쓰지 않는다고 해도 우리 몸은 아무렇지도 않아요. 제가 늘 이야기하는 것이지만, 쉬운 얘기로 "여름엔 좀 더워야 되고 겨울엔 추워야 되는 것 아니냐" 하는 것입니다. 그런데 언제부터인지 여름에는 더운데 시원해야 하고, 겨울에는 추운데 따뜻해야 한다는 생각이 몸에 배게 되었습니다. 사실은 그게 더 이상한 생활이지요. 우리가 너무 춥게 살아서도 안 되지만, 인간은 자연의 일원이기 때문에 계절에 따른 온도 변화에 적응하면서 살 수 있습니다. 그런데도 이 자연의 이치를 완전히 인간 중심으로 바꾸려고 하다 보니까 문제가 생기는 것입니다. 생활 자체가 왜곡이 되다보니 그로부터 온갖 부작용이 다 생겨납니다. 그러면 그 부작용 중에서 제일 대표적인 것은 무엇일까요? 그것은 결국 병든 인간이 되는 것입니다. 그리고 그 다음은 병든 사회, 병든 지구 그렇게 되는 것이지요.

생활을 바꾸자

이 문제는 어떻게 해결할 수 있을까요? 답은 누구나 다 알고 있습니다. 그런데 좀처럼 실행에 나서지 못하고 있는 것입니다. 가장 쉽다고 생각하지만 가장 어려운 일, 바로 생활 그 자체입니다. 병든 인간, 병든 사회, 병든 지구를 치유하려면 생활을 바꿔야 합니다. 그렇다면 그 생활을 어떻게 변화시켜야 할까요? 저는 이렇게 답하고 싶습니다. 가장 인간다운 생활은 자연을 이해하고 자연과 같이 하면서 사는 단순 소박한 생활이라고 말입니다.

쉽게 풀어서 생각해 봅시다. 건강을 예로 들어 이야기해 보면, 옷은 가능하면 피부호흡이 잘되도록 얇은 옷을 입는 것이 좋습니다. 겨울에 날씨가 추우면 얇은 옷을 여러 개 껴입으면 되는 것이지요. 요즘 젊은 사람들은 옷차림에서도 브랜드를 따지고 맵시를 중시하곤 합니다. 그런데 그런 생활은 사람을 병들게 한다는 것을 누구나 이미 알고 있습니다. 저는 절대로 고리타분한 복고주의자가 되고 싶은 생각은 없습니다. 하지만 건강한 삶을 위한 옷은 자연의 흐름에 따라서 입고, 또 피부를 튼튼하게 하려면 생활 자체를 그렇게 해야 되겠지요. 거기에서 한 걸음 더 나아가 보면, 사람은 피부호흡을 통해 노폐물을 내놓습니다. 즉 피부는 우주와 사람의 경계이면서 소통이 되는 두 개의 기능을 같이 하고 있는 것이지요. 그것이 우리 사람들에게 자연과 좀 더 가까워지는 차림새가 필요한 이유입니다.

다음으로 먹거리에 대해서 이야기해 봅시다. 우리는 밥을 먹어야 합니다. 영양과 에너지를 공급해야, 밥을 모셔야 사람이 살아가는 것이니까요. 요새 친환경이니 유기농이니 하면서 여러 가지 이야기들이 많습니다. 그러나 한 마디로 간단하게 말해, 되도록 건강한 밥을 먹으면 되는 것입니다. 그러면 건강한 밥은 무엇일까요? 제일 쉬운 이야기로, 자연의 생활에 근접한 식생활이 무엇이냐 이겁니다. 제일 간단한 것은 음양을 맞추는 것이지요. 여름에는 음의 식품을 많이 먹어야 합니다. 음의 식품이라는 것은 겨울을 난 것이니까 예를 들면 보리, 밀 그리고 양파 이런 것들이겠지요. 양의 계절에는 음의 식품을 먹는 것, 그것이 자연과 소통하는 것입니다. 그리고 음의 계절에는 양의 식품을 많이 먹으면 됩니다. 햇빛을 많이 받은 것들이니까 쌀이나 사과와 같은 먹거리가 되겠지요. 사과는 4월부터 꽃이 피어서 10월에 따니까 양의 식품으로 분류할 수 있습니다. 그런데 음의 계절에 양의 식품을 먹으려면 햇볕에 말려 두었다가 먹으면 됩니다. 무를 무말랭이로 만들어 저장해 두고 먹는 것과 같은 방법이지요. 그게 자연에 가까운 식생활입니다.

그와 같은 식생활, 다시 말해 음식을 통해 양과 음의 조화를 이루는 일이 결코 어려운 것은 아닌데 지금은 식품에서 사계절이 없어져 버렸어요. 그러다 보니 식생활이 건전하지 못하게 되고 병이 많아진 것이라고 생각할 수 있습니다. 이 문제를 풀어내는 방법으로 단순 소박한 생활, 자연에 근접한 생활이 관심을 끌고 있습니다. 우리가 그것을 보고 웰빙이라는 서양의 용어로 말하는데 이건 전혀 새로운 것이나 어려운 것이 아닙니다. 이치로 보아 아주 쉬운 것이고 우리가 예로부터 살아왔던 것처럼 그렇게 하면 되는 것이지요. 세상에는 온갖 종류의 음료수가 넘쳐나고 있지만 중요한 것은 자연 그 자체인 물입니다. 그러므로 물은 그냥 생수를 마시면 되는 것이지요. 그렇게 생활을 바꾸어 우리 몸과 자연의 관계를 정상화시키면 됩니다.

우리는 생각을 바꾸고 생활을 바꾸는 것과 함께 세상을 바꾸는 노력을 해야 합니다. 앞에서 이야기했듯이 병든 인간, 병든 사회, 병든 지구를 공존과 순환의 세상으로 바꾸고 그와 동시에 이제 문명 자체를 바꿔야 합니다. 이것은 다시 말하면 현재의 죽음과 죽임의 문명을 생명과 살림의 문명으로 바꾸는 일을 말하는 것이지요. 그렇게 생각, 생활, 세상, 문명을 바꾸는 네 가지를 같이 했을 때 대전환이 시작되는 것입니다.

문명의 대전환, 살림의 철학

70년대에 저는 가톨릭농민회에서 일하고 있었습니다. 그때는 노동자농민운동을 포함한 계급운동도 큰 범주에서는 다 민주화운동이라고 볼 수 있었지요. 그런데 70년대 하반기에 들어서면서부터 박정희 정부가 식량자급, 녹색혁명을 이야기하면서 신품종 벼 개발과 같은 종자개량 사업과 함께 비료와 농약을 많이 쓰는 화학농법으로 완전히 다 바꿨어요. 70년대 중반부터 바뀌게 된 것인데 새마을운동과 거의 같은 시기에 중화학공업 육성정책과 함께 가는 것이었다고 생각됩니다. 그때 도시에서는 공해라는 이야기가 처음 나오고 그랬었지요. 다시 말해 농촌과 도시, 공업지대나 농업지대가 모두 환경과는 거리가 먼 개발정책이 지배적이었습니다.

이런 상황 속에서 어렴풋하게나마 문제의식은 있었지요. 그래서 당시 우리들이 대안이 무엇인지를 논의하다가 처음으로 실천했던 것이 무엇이었는가 하면 효소농법이었습니다. 우리 가톨릭농민회 같은 경우에는 효소농법을 대대적으로 장려하면서 필수과목으로 교육을 하고 그랬어요. 그래서 아마 다른 사람보다 조금 더 앞서가는 문제의식을 갖게 되었던 것이 아닐까 하고 생각합니다.

그러다가 결정적인 게 무엇이었는가 하면 5·18 광주민중항쟁이었지요. 그때 가톨릭농민회도 마찬가지였지만, 우리 사회에는 두어 가지 큰 논의가 있었습니다. 광주민중항쟁 때 신군부 세력이 엄청난 폭력으로 수백 명을 죽이고 수천 명을 다치게 한 것을 겪다 보니 일시적으로는 무력감도 있고 그랬습니다. 하지만 조금 지나서 "아, 이래서는 안 되겠다. 좀 더 철저하게 근본적으로 생각해 보자!" 이렇게 된 것입니다. 우리 운동에 대해서 깊이 반성하고 상당히 천착한 셈이지요.

우리는 그 상황을 이렇게 보았습니다. 전두환 신군부독재는 용납할 수 없는 것이었습니다. 그러니 그 뿌리를 캐 들어가면 독점의 사회구조가 존재하고, 그것을 제일 극적으로 표현한 것이 군부 쿠데타였다는 것이지요. 거기에다 현대과학기술에 뿌리를 둔 반생명적인 것과 독점의 구조가 맞물려 있기 때문에 앞으로는 이제까지 해왔던 70년대 방식의 민주화운동이나 권익실천운동 이런 것만으로는 안 된다고 생각하게 되었습니다. 근본적으로 생각을 달리할 것이 요구되게 된 것입니다.

하지만 근본이라고 해서 근본에만 매달리고 현재의 독재와 안 싸울 수도 없는 그런 상황이었습니다. 그 당시 주위에 있는 분들과 이 문제에 관해서 상당히 깊게 논의를 했었습니다. 우리들은 몇 달에 걸쳐서 많은 토론을 했지요. 그 결과 과제를 두 가지로 정리했습니다. 첫 번째 과제는 농촌사회의 민주화였습니다. 그건 우리가 농민운동을 하고 있으니까 당연한 것이었지요. 농촌사회의 민주화라는 것은 곧 독재와 독점이라는 구조적 폭력을 극복하자는 이야기였습니다. 그 다음으로 공동체적인 삶의 실천이 두 번째 과제였습니다. 이것은 거대 문명이 원자화하고 개별화시킨 경쟁 위주의 인간사회를 바로 우리가 스스로 협동적이고 공동체적인 질서를 만들어야 한다는 주장입니다. 그렇지 않으면 민주화된다고 저절로 좋은 세상이 되는 것은 아니라는 논의였지요. 이렇게 두 가지 과제가 정리되었던 것입니다. 앞의 이야기는 구조의 문제이고 뒤의 논의는 문명의 문제라는 것이지요.

이렇게 우리 사회와 문명에 대해 인식을 깊이 하게 만든 것이 바로 5·18 광주민중항쟁이었던 것입니다. 그래서 그 기조로 쭉 80년대를 일관하게 되었던 것으로 생각됩니다. 약간은 개인적인 이야기가 되었지만, 그런 눈으로 보게 되니까 조금씩 보이더란 말이지요. 제 기억으로는 83년에 농업을 '생명산업'이라고 처음 글을 쓰고, 교육도 그렇게 했던 것 같아요. 그리고 83년인지 84년인지는 그건 잘 모르겠는데 그때쯤 김지하 시인이 생명운동을 주장했었습니다. 우리는 실천의 장에 있는 사람이고 그 분은 생각을 깊이 하는 시인이지요.

1986년 가톨릭농민회에서 헌장과 강령을 만들 때였습니다. 처음에는 [생명·공동체운동] 이렇게 썼어요. 그러다 "이게 아니다, 생명은 곧 공동체가 아니냐" 하는 생각에서 중간의 방점을 빼고 [생명공동체운동] 이렇게 표현했습니다. 그리고 90년대 들어와서는 [생명·평화운동]이라고 하다가, "아니다, 이건 하나의 개념이다"라고 하면서 다시 점을 없앴던 것이지요. 97년 해맞이모임 취지문에서 이렇게 썼습니다. "우리의 지향가치는 생명과 평화이며, 사회운영 원리는 자치와 협동이다"라고 말이지요. 그것이 90년대 말부터 [생명평화운동]이라는 식으로 쓰이게 되었고, 2000년 이후에 우리 사회에 널리 일반화되게 되었습니다.

처음에는 이런 말 자체를 거의 사용하지 않았어요. 그러다가 이런 생각을 하게 된 사람들이 조금씩 늘어나게 되었습니다. 90년대 말이 되어, 특히 IMF 사태 이후에 좀 더 근본적인 일을 해야 한다는 논의가 많아지다 보니 더 사용빈도가 높아지게 된 것 같습니다. 결국 이렇게 생각해 볼 수 있을 것 같아요. 사회구조적 모순을 해결한다고 해서 주력했던 사람들이 IMF 사태와 같은 대단한 걸 겪고 나서는 "아, 그것만이 아니었구나"라고 생각하게 되었다고 봅니다.

생명운동의 약사를 보면 이렇게 이야기할 수 있을 것 같습니다. 80년대 초반이 싹트는 시기, 80년대 후반은 가톨릭농민회, 한살림, 유기농운동 등의 조직적 실천기 그리고 90년대 들어서 우여곡절을 겪으며 공감대가 크게 확산되었습니다. 그리고 2000년대에 들어서는 종교계, 시민사회운동, 협동조합운동 등으로 대중화되었습니다.

하지만 처음에는 욕 많이 먹었어요. 80년대에는 반파쇼·반제투쟁에 집중해야지 무슨 소리냐는 비판이 컸습니다. 특히 91년 5월 정국과 관련한 김지하 시인의 조선일보 사건으로 크게 시끄러웠지요. '죽음의 굿판을 걷어치우라'라는 제목의 글(조선일보, 1991년 5월 5일자) 때문에 민족문학작가회의에서 그를 제명하기도 했었습니다. 그리고 그것 때문에 김지하 시인은 지금도 운동권에서 인정해 주질 않고 있어요.

그 당시로 한 번 돌아가 봅시다. 그 몇 년 전부터 분신자살이 많고 그랬어요. 민주통일민중운동연합(민통련), 전국민족민주 운동연합(전민련)이 활발하게 활동하던 시절입니다. 그때 많은 사람들이 독재에 항거하며 죽음으로 저항했었지요. 특히 학생들이 제일 많이 분신을 했어요. 그런 상황에서 가톨릭농민 회는 장례위원으로 참여하지 않았습니다. 우리는 "분신자살 하면 안 된다, 끝까지 꿋꿋하게 살아서 싸워야지 생명을 초개 같이 던져 좋은 세상 만들어도, 결과적으로 생명을 가볍게 보면 안 되기 때문이다"라고 주장했던 것이지요. 당시 회장이던 김상 덕 회장과 사무국장이었던 제가 '생명을 버리면 안 된다'라고 하면서 장례위원 명단에 우리 이름을 넣지 못하게 했었습니다.

91년 4월 26일에 강경대군 치사사건이 일어났는데 가톨릭 농민회 본부가 있었던 대전으로 급히 연락이 왔어요. 전경한 테 맞아 죽었다는 소식이었습니다. 명동성당에 천주교사회운 동 일꾼들이 다 모였어요. 그때는 천주교사회운동이 상당히 민첩하고 세가 많을 때였습니다. 그런데 가 보니까 벌써 '고 강경대 열사'라고 신위를 모셔놨더군요. 그래서 나는 '우리 좀 더 심각하게 논의해 볼 필요가 있다'고 의견을 제시했습니 다. "우리가 명동거리에 나가서 시민들 열 명을 만나서 각자 물어 보자. 열 명 가운데 두 명만 열사라고 그러면 나는 내

의견 취소하겠다"고 했습니다. 그래서인지 그때 천주교사회운동 문건에만 열사라는 말이 없어요.

이것은 생명운동이라는 점에서 상당히 중요한 의미를 갖는 이야기입니다. 무슨 말인가 하면, 이 거대한 분노와 항의의 물결 속에서 그런 말을 쓰면 완전히 낙인이 찍힙니다. 그러한 때 김 시인은 글로 그렇게 주장해서 변절자로 몰리게 되었습니다. 그런 상황에서 우리의 주장에 대해 일부는 반발이 있었을 수도 있었겠지만 실제로는 반발이 크지 않았어요. 생각해보면, 그것도 진실된 이야기였기 때문이라고 생각합니다. 그 죽임을 안타깝게 생각하는 것은 누구나 다 똑같았으니까요. 그렇지만 그런 것에 대해서 '아니다'라고 말을 할 수도 있어야 된다고 봅니다. 생명운동이라는 운동, 꼭 운동이 아니더라도 생명이라는 관점에서는 생명을 그렇게 내던지면 안 된다는 것을 말할 수 있어야 됩니다. 물론 그것이 무의미한 희생이 아니라 민주화의 제단에 자신의 몸을 바친 것이지만……

저는 이민족이 식민지 지배를 위해 쳐들어오면 지금도 이 나이지만 총을 들고 전선으로 나갈 생각을 갖고 있습니다. 하지만 그런 상황이 아니라면 사람을 죽이면 안 된다고 생각해요. 예를 들어 일본이 극우 팟쇼로 바뀌어 쳐들어온다면 총을 들고 싸우겠지요. 그런 점에서 본다면 전 그렇게 철저한 생명주의자는 아니라고 생각됩니다. 그런데 독재라든지 노동 조건 때문에 이루어지는 분신과 같은 것에 대해서는 전 의견 이 다릅니다. 이런 견해에 관해서는 서로 논의가 될 수 있는 것이지요. 이걸 비난하고 그럴 문제는 아니라고 생각합니다. 저는 분신자살 이런 것은 안 된다고 봐요, 지금도. 그때도 그랬고요. 이런 생각을 한 지는 한 삼십 년 되는 것 같습니다, 삼십 대부터이니까요.

한국사회에서의 생명운동의 흐름

'한살림선언'은 한살림 공부모임에서 논의된 것을 최혜성 선배가 정리한 것인데, 저도 그 모임에 몇 번 나갔습니다. 70년대 초 흐름으로 거슬러 올라가는 이야기이지만, 유신 직 전인 71년에 박정희 정권은 비상사태를 선포했습니다. 사회 적으로는 광주대단지사건이 일어나고 파월노동자들이 한진 빌딩에 불을 지르고, 또 그 전 해에는 전태일 분신 등이 있었 던 그런 시점입니다.

그리고 71년 대선이 있었지요. 김대중의 선풍적인 등장이 있었을 때, 민주화운동은 상당한 감시와 탄압을 받았습니다. 그때 직접적으로 박정희 독재정권에 저항한 제일 큰 세력은 학생운동이었지요. 그 다음으로 재야, 종교계, 언론계, 학계 등이었습니다. 그때 저는 장준하 선생 등의 민족학교 활동에 막내로 참여했습니다. 말로는 '지성의 유격전'이라고 표현하기도 했지요. 춘천에서도 강연회를 한 번 개최하고 했지만, 결국에는 몇 군데 다니지도 못했습니다. 그때 자주의식을 고취하기 위해서 항일민족시집 같은 것도 출판하고 그랬었지요. 그때 같이 참여했던 사람이 백기완, 김지하, 이부영, 최혜성, 김도현… 같은 분들이었습니다. 그래서 80년대에 생명운동과 한살림같은 활동은 서로 잘 아는 사람들의 여러 모색과 실천의 모습 가운데 하나였습니다. 그래서 80년대에 김지하 시인이 생명운동을 주장하면서 같이 논의하던 최혜성 선생이나 김민기 선생도 다 공부모임 참가자들입니다. 그리고 그때 제일 막내로 기록하고 연락하고 그랬던 사람이 지금 한살림의 윤형근인데 그 친구가 제일 어렸지요. 돌아가신 한살림의 박재일 선생, 김지하 시인과 최혜성 선생은 서로 친구 사이였습니다.

생명의 세계관으로 만들어 내는 삶의 방식

우리가 만들어 내야 할 사회의 상을 말로는 어떻게 표현할 수 있을까요? 다시 말해 생명의 문명을 만들려면 어떻게 해야 할까요? 인간이 지구 생명의 일원이니까 제일 큰 모습을 그려보면 지구생명 공동체가 이루어지는 것이겠지요. 지구의 뭇생명은 전체적으로 보면 공동체를 이루고 있는 것이니까요. 그러면 그것을 인간 중심으로 한 번 살펴봅시다. 조금은 어려운 이야기가 될 수도 있었겠지만, 제가 얼마 전에 초등학교 다니는 아이들하고 대화를 할 때 이렇게 이야기를 했어요.

"그러면 우리에게 제일 좋은 삶, 최선의 삶은 무엇일까? 이 세상에서 제일 귀중한 절대가치가 생명이니까 최선의 삶은 생명을 살리는 삶이 제일 아름다운 삶이겠지. 그리고 최선은 아니지만 착한 삶, 그것은 생명과 같은 사는 삶, 즉 공존하는 것이겠지. 그 다음 보통의 삶은 지금 현재처럼 다른 생명을 이용하는 삶이겠지. 그리고 나쁜 삶은 다른 생명을 착취하는 것이고 최악의 삶은 다른 생명을 죽이는 삶이라고 할 수 있을 거야."

그렇다면 우리가 할 일은 보통의 삶에서 좋은 삶으로, 좋은 삶에서 최선의 삶으로 가기 위한 노력, 실천이 아닐까요. 세상과 개인의 변화를 추구하는 삶, 세상과 개인의 변화가 함께하는 삶, 그게 정답이 아닌가 생각됩니다.

19세기 후반 동학이 가르침에 이런 말이 있습니다. '모든 것을 안다는 것은 밥 한 그릇의 이치를 아는 것이다(萬事知食一碗)'. 잘 아시다시피 밥 한 그릇이 되기까지는 햇빛, 물, 땅,

종자, 바람 그리고 사람의 노동이 결합되어야 합니다. 즉 밥이란 우주와 인간의 협동작업인 셈이지요. 그런 밥의 이치를 제대로 깨우치게 하는 교육과 밥을 제대로 나누게 하는 사회체제가 된다면, 이 세상은 생명가치를 실현하는 생명의 문명으로 보다 가까이 다가설 수 있을 것이라고 생각합니다.

우리 인간은 생명체이기 때문에 생로병사를 경험하게 됩니다. 우주생명이나 지구생명의 차원에서 생사관을 정리할 필요가 있습니다. 제가 10년 전 암수술을 할 때 마취실 입구에서 섬광처럼 다가왔던 화두가 있었어요. 그때 저에게 온 화두는 이런 것이었습니다. '생명이 생명을 먹고 생명에게 생명을 맡긴다.' 수술을 하고 가만히 누워서 생각해 보았습니다. 그때는 큰 수술을 했으니까 사생관을 정립을 해야 할 시점이었어요. 평소에는 언제 죽어도 괜찮다고 생각했지만, 수술을 하고 나니 그렇게 단순하게 생각해 버릴 수 있는 것이 아니더군요. 상당히 깊이 있게 정리를 하게 되더군요. 그 정리가 지금도 저에게는 유효하게 작용하고 있습니다.

생명이 생명을 먹고 생명에게 생명을 맡긴다는 것이 무엇인지를 곰곰이 생각해 보았습니다. 과학적으로는 생명의 상호의존성과 먹이사슬 같은 것이겠지만, 생명은 불교식으로 말하면 인(因)과 연(緣)에 의해서 생겨나는 것이고, 태어나면 자라나게 되는 것이지요. 자란다는 것은 모든 것이 변화된다는 것을 의미하는 것입니다. 태어나고 자라나는 과정을 거쳐서 변화되고, 삶에서 죽음으로 가는 것이 생명의 과정이고, 죽음은 생명의 결정적인 차원 변경이라는 또 다른 생명 현상이라는 것입니다. 문제는 차원 변경 이후를 모른다는 것인데, 그것을 종교에서는 이렇다고 하고 철학에서는 저렇다고 하고 하면서 차원 변경과 차원 변경 이후를 뭐라고 설명합니다. 보통은 우리 인간이 그걸 잘 모르니까 거기에 매달리는 것이지요.

그런데 '죽음이라는 것은 차원 변경이로구나, 차원 변경 이후의 모습에 대해서는 여러 시각에서의 정리가 있었는데 그것이 어떤 것인지에 대해서는 제대로 정리가 되어 있지 않은 것이구나.' 이 정도까지 정리를 해도 상당히 도움이 될 것입니다. 차원 변경이 이루어지면 더 좋은 것인지 나쁜 것인지도 모르고, 또 괜히 그것에 겁먹을 필요도 없는 것 아닌가 하고 생각하게 되었습니다. 아주 쉽게 이야기하면, 제 사생관을 그때 정리해 보니 "이거 아무 때나 죽어도 괜찮구나, 때가 되면 가는 것이로구나." 그렇게 생각이 들었던 것입니다.

약간 다른 이야기이지만, 제 집사람하고 시난번에 이런 이야기를 했었습니다. 아직 정년퇴직 기간이 남았는데, "정년퇴직하면 인제로 갑시다"라고 하니까 뭘 걱정하는가 하면 두 가지를 걱정하더군요. 제 집사람이 추위에 약하거든요. "겨울이 너무 춥지 않느냐"라고 해요. 인제 서화는 정말 너무 춥습니다. 영하 20도가 가끔 옵니다. 그래서 제가 타협적으로 이야기했어요. "그러면 겨울에 거기에서 안 살아도 된다. 따뜻한 아파트에 있어라. 세 계절만 우리 서화리에서 같이 있고, 겨울에는 나도 여기 나와서 살지 뭐" 그렇게 정리했지요. 그 다음에 "의사가 없을 텐데 병 걸리면 어떡하냐" 그러더군요. "갑자기 뇌출혈로 쓰러졌다 이러면 어떻게 할 거냐"라고 묻길래 이렇게 이야기했습니다. "나나 당신은 이제 60이 넘었으니까 쓰러지면 빨리 가야지. 병원에 싣고 가서 살리고 그러는 것은 생명이나 자연의 법칙에 어긋난 것 같다"고 말입니다. 그랬더니 그 말에는 동의를 안 하더군요. "아니! 당신 무슨 소리를 그렇게 하시냐"고 그래요. 그래서 저는 쓰러지면 싣고 가지 말라고 그랬어요. 저는 그렇게 사생관을 정리해 두고 있습니다.

2장

통일의 길, 통일 세상의 모습

함께 봐야 제대로 보인다

어떤 문제든지 그것을 바라보는 시각이 가장 중요합니다. 그래서 저는 늘 본질과 현상을 함께 봐야 한다고 강조하고 있습니다. 그러기 위해서는 무엇보다도 필요한 것이 건전한 상식이 요구되겠지요. 한반도 문제를 바라볼 때에도 역시 '건전한 상식'이라는 말을 쓰는 수밖에 없을 것입니다.

분단이라는 상황은 결국 어느 나라나 다 그렇겠지만, 특히 우리 스스로의 문제점과 외부 세력의 문제가 합쳐져서 발생된 문제이기 때문에 그것을 같이 잘 보아야 합니다. 한반도 분단의 시점으로 거슬러 올라가 생각해 보면, 결국 일본 군국주의의 침략과 우리 스스로의 분열, 부패, 무지가 작용하여 식민지가 된 것이 원죄로 연결됩니다. 해양세력의 종주국이었던 영국과 신흥 제국주의로 등장한 미국이 일본을 도와주었고, 그와 같은 역관계가 압도적으로 작용했던 것이 우리가 식민지로 전락한 제일 큰 원인이지요.

그 당시의 내적인 상황에 대해서는 여러 가지 논의들이 있지만 내부가 분열되고 심하게 부패하고 폐쇄적이었다는 것은 부정할 수 없습니다. 그래서 늘 안팎의 요인과 원인을 같이 보는 시각이 중요하다는 것이지요.

다시 한반도를 돌아봅시다. 우리의 힘으로 독립을 이루었다면 분단이 안 되었겠지요. 물론 왜 우리의 힘으로 독립을 하지 못했었는가 하는 점에 대해서도 우리 탓보다는 외세 탓으로 많이 볼 수 있습니다. 그 당시 세계를 주도하고 있던 미국과 소련이 우리를 갈라놓았기 때문에 결국은 남북으로 갈라진 것입니다. 원래는 일본열도를 4대 강국이 분할하려고 했던 것인데 소련이 빨리 내려오니까 미국이 부랴부랴 38선을 제안한 것 때문에 이렇게 된 것이지요.

스스로의 힘으로 쟁취하지 못한 민족해방이라는 것은 외세가 압도적으로 규정력을 발휘할 수밖에 없다는 역사의 교훈을 우리는 잊어서는 안 됩니다. 따라서 한반도의 통일, 우리 민족의 재통합 문제는 우리 스스로의 힘으로 하는 것을 기본으로 해야 합니다. 거기에 외세와 잘 타협하고 또한 활용하는 것이 방법이 되어야겠지요. 우리 스스로가 잘못하게 되면 이 상태가 오래가거나 상당히 이상한 형태의 재통합이 될 수도 있습니다. 그래서 기본에 충실하고 상식에 맞는 시각과 접근이 필요하다는 것을 다시 한 번 강조할 수밖에 없는 것입니다.

그런 원칙을 가지고 현재를 보도록 합시다. 한반도의 문제를 볼 때 우리는 좀 더 자유롭게 생각을 해 볼 필요가 있습니다. 어떻게 보면 너무 민족의 재통합 문제에 대해 당위론만

내세우고 실질적인 노력은 빈약했던 것이 아닌지 반성할 필요가 있습니다. 현재의 분단 상태 하에서도 남북한에 사는 사람들이 행복하다면 굳이 통일에 얽매일 필요가 없다는 생각도 할 수 있어야 한다는 것입니다. 그렇지만 분단 상태로는 남북 양쪽에서 사는 사람들이 원천적으로 행복할 수 없다는 것은 지난 세월 그리고 지금도 그대로 드러납니다. 그렇기 때문에 남북은 반드시 하나가 되어야 합니다. 무엇보다도 한반도에 사는 사람들의 행복을 위해서 민족의 재통합이 이루어져야 하는 것이지요.

같은 이야기가 되겠지만 행복이란 온전한 삶을 이야기하는 것입니다. 그런데 남북이 분단된 상태에서는 온전한 삶을 살 수가 없습니다. 한 개인조차 내부가 분열된 삶을 살 수밖에 없는 것이지요. 무슨 말인가 하면, 적대 세력이 존재하고 있기 때문에 그것을 규제하고 강제하고 넘어서려고 하는 노력이 온갖 형태로 나타나기 때문입니다. 그것은 법으로도 나타나고 다른 여러 형태로 생활 전반을 지배하게 되는 것입니다. 그렇게 되면 인간이 자유로운 생각을 하고 창조적으로 움직이는 것이 불가능해지는 것이지요.

남북 분단은 개인의 내부 분열을 지속적으로 규정하는 기제가 되기 때문에 온전한 생활을 할 수가 없게 됩니다. 인간의 개인적인 생활, 조직의 집단적인 생활을 포함한 모든 것을 비정상의 상태로 규제하기 때문이지요. 그래서 반드시 이 땅의 사람들의 행복한 삶, 온전한 삶을 위해서는 하나가 되어야 합니다.

또한 민족공동체의 온전한 삶을 생각해 보더라도 이 상태가 계속되어서는 안 됩니다. 민족공동체도 갈라진 상태에서는 서로 적대적으로 될 수밖에 없습니다. 뿐만 아니라 이웃나라들하고도 관계가 어렵고 힘들어지게 됩니다. 그래서 외국과 당당하게 친구 관계를 유지하면서 살기 위해서라도 우리 민족은 반드시 하나가 되어야 한다는 것이지요.

한반도의 경우에는 지정학적인 면도 있는 탓에 외국의 영향력이 강하게 작용하고 있습니다. 지정학적인 것은 운명이라고 봐야 하는 것은 아니지만, 만일 한반도가 유럽이나 남미에 있다고 가정하면 아마도 우리나라는 대단한 영향력을 행사할 수 있었을 것이라고 봅니다. 대한민국 정도면 거기에서 평화 주도국의 역할을 하고 그럴 수 있겠지요. 그런데 동북아시아에서는 4대 강국에 완전히 둘러싸여 있으니까 고약한 상황인 것이지요.

한반도와 우리 민족의 문제를 종합해 보면 개인과 사회, 민족공동체의 온전한 삶, 행복한 삶은 분열과 적대가 아닌

건강하고 발전적인 통일에서 나올 수 있다고 하는 지극한 상식을 재확인할 수 있는 것입니다. 현재 한반도에 사는 사람들이 그렇게 분열된 삶을 살 수밖에 없고, 사회 생활은 많은 규제와 적대감 속에 살아야 하는 이유가 민족 분단에서 비롯된 것이라고 하면 너무 과장된 표현일까요?

분단을 극복하고 통일로 가는 길은

지금까지 분단의 현상과 본질에 대해서 상식을 이야기했습니다. 그러면 이제 어떻게 이 상황을 극복할 것인지를 이야기하는 것이 순서겠지요. 제일 중요한 것은 "스스로의 힘"으로 극복해야 한다는 것입니다. 그러면 통일로 가는 길에 대해서 좀 자세히 이야기해 봅시다. 저는 자신의 힘으로 문제를 해결한다는 것을 이렇게 표현합니다. 제일 기본은 스스로의 힘이고 외부의 조건은 잘 활용하는 것이라고 말입니다. 외부의 조건을 너무 중시하고 그러는 것은 제가 보기에는 문제가 있습니다.

좀 쉽게 생각해 봅시다. 남북관계가 지금 좋은 상태는 아니지요. 그리고 격차가 너무 큽니다. 그러다 보니 남북관계가 쉽게 풀려가지 못하는 측면도 있습니다. 북한을 보면, 70년대

중반까지는 남북문제에 있어서는 상당히 적극적이고 공세적이었다고 할 수 있었지요. 그런데 90년대 들어와서부터는 완전히 상황이 역전되었습니다. 특히 우리가 소련, 중국과 수교를 한 것에 비해서 북한은 미국과 일본하고 국교정상화를 하지 못하고 구석으로 몰리게 되었지요. 그 상황에서 북한은 잘못된 선택을 하게 되었던 것이라고 생각됩니다. 그때 오히려 "자, 이제 세상이 완전히 바뀌었으니까 흔히 이야기하는 개혁·개방노선으로 가자" 하는 식으로 움직였으면 좋았을 텐데 말입니다.

전면적인 개혁·개방을 할 시점에서 그렇게 하지 못하고, 워낙 조건이 확 바뀌니까 그걸 부분적으로만 받아들인 게 남북기본합의서(남북 사이의 화해와 불가침 및 교류·협력에 관한 합의서, 1991년 12월 13일)와 한반도 비핵화선언 합의(1991년 12월 31일)입니다. 그런데 문제는 북한이 그것을 소극적으로 받아들인 것이라는데 있었습니다. 좀 더 적극적으로 받아들여서 개혁·개방으로 가고 그랬으면 지금 어떻게 되었을까 하는 생각도 해봅니다. 물론 국제적인 역관계가 있고 그러기 때문에 그렇게 하는 것도 쉽지는 않았겠지요. 그런 점들이 이제 와서 보면 너무 안타까운 것입니다.

그때 노태우정부가 한민족공동체통일방안을 만든 것과 한

반도비핵화 그리고 남북기본합의서를 이끌어낸 것은 잘 한 것이었습니다. 지금 보더라도 잘 된 것이지요. 그때 야당하고 더 이야기해서 북한이 개혁 · 개방이 되도록 중국의 협조를 이끌어냈어야 한다고 생각합니다. 그 당시 중국은 우리 대한민국을 배우려고 열심일 때였거든요.

지금 생각해 보면 그때 중국에 좀 더 과감하게 통 큰 원조를 했어야 했었습니다. 그래서 북한을 끌어냈어야 했는데 그렇게 하지를 않았지요. 무슨 말인가 하면, 오랫동안 대결 상태에 있으면 거시적이고 장기적인 사고가 기능하지 못하게 됩니다. 저는 이때가 한반도 문제의 해결을 위해 우리 스스로의 힘을 기본으로 하고 외세와 좋은 관계를 맺고 활용할 수 있었던 가장 좋은 시점이 아니었을까 하고 생각해 봅니다. 그래서 바로 이 대목이 남북문제와 관련하여 가장 안타까운 것이지요. 이미 지나간 일이지만 반성과 성찰을 통해서 전진의 발판으로 만들어야 할 것입니다.

북한은 워낙 경제가 피폐하고 국제정세가 급변하니까 90년대 초에 잘못된 노선을 채택했습니다. 개혁 · 개방은 말로만 그렇게 하고 실제로는 핵을 갖기로 했던 말이지요. 그래서 20여 년 만에 핵무기 개발에 성공했습니다. 그런데 핵을 보유하는 것은 자기를 보위하는 것이 아니라 자신을 망치는 것으로 이어진다는 딜레마가 앞을 가로막고 있습니다. 그렇다면 이런 상태에서 어떻게 할 것인지가 문제가 되는 것이지요.

제가 평소에 늘 하는 방식으로 이야기해 봅시다. 남북이 "잘하자" 하면서 자주 만나서 서로 이야기하고, 그것을 4대 강국이 도와주면 그것은 100점짜리가 됩니다. 우리는 늘 그 것을 생각해야 하겠지요. 그런데 그것은 현실에서는 불가능 합니다. 그러면 90점으로 가야되겠지요. 90점짜리는 남북이 잘하고 미국과 중국이 우리를 도와주면 되는 것입니다. 그런 데 그것도 쉽지 않은 일입니다. 그렇다면 80점으로 가야지요. 80점으로 가는 것은 남한과 북한이 잘하고 미국과 중국이 '그래, 잘해 봐라' 즉 중립 내지 방관하면 80점이 됩니다.

하지만 이것도 쉽지 않을 것입니다. 그러면 이제 70점으로 갈 수밖에 없습니다. 외세는 늘 자기 이익을 우선하는 것이니까 그렇다 치고, 일단 남한과 북한이 잘하면 됩니다. 그런데 현실을 보면 그것도 아닙니다. 그러면 어떻게 해야 할까요? 어쩔 수 없이 60점짜리로 가야 되겠지요. 여기에서는 우리가 잘하면 됩니다. 반대로 저쪽 입장에서는 저쪽이 잘하면 되는 것입니다. 그러나 우리는 이쪽에 살기 때문에 우리가 잘할 생각을 해야 하는 것이지요.

자, 그러면 지금은 어떻습니까? 몇 점이라고 해야 할까요.

현재의 남북한의 관계와 문제해결 노력에 대해 평가해 봅시다. 앞에서 이야기해 온 기준에 따르면 저는 지난 이명박정부 때의 점수를 40점짜리라고 보고 있습니다. 저쪽이 잘못하니까 이쪽도 잘못한 것이지요. 그렇지 않았던가요?

그러면 지금은 뭘 해야 하는 단계인가 하면 40점짜리를 50점으로 끌어올려서 60점으로 가기 위한 단계라고 말할 수 있습니다. 그렇게 해야 합니다. 40점밖에 안 되는 현재의 상태에서 곧바로 70점으로 갈 수는 없는 것이지요. 그것을 위해서 무엇을 해야 할 것인지를 생각해야 합니다. 우리가 "잘한다는 것"이 무엇인가를 이야기해 보아야 하겠지요.

무엇보다도 평화를 가운데 위치시키는 것이 제일 중요하다고 봅니다. 통일 이야기를 자꾸 하면 저쪽이 실제로는 뒤로 빼지요. 먹힐까 봐 그런 것이지요. 그래서 김대중정부 때 "흡수통일 안 한다"고 그렇게 이야기했잖아요. 제일 적극적으로는 통일은 당분간 불가능한 것이라고 하는 정세판단을 먼저 이야기해야 한다고 봅니다. "통일은 이러이러한 조건이 성숙되었을 때 이루어지는 것이니까, 지금 통일 이야기를 하는 것은 통일에 도움이 되지 못한다. 우리가 남의 힘, 즉 외세에 의해 갈라지고 또 전쟁까지 하고 그런 사이이기 때문에, 평화와 통일은 중요하다. 그러나 상당기간 동안 통일은 안 된다고 보는 것이 우리 정부의 인식이다"라고 이야기하는 것이 옳다고 보는 것이지요.

실제로 그렇습니다. 하지만 그렇게 말하는 것은 쉽지가 않지요. 그를 위해서는 용기가 있어야 합니다. 현실을 직시했을 때 그런 말을 할 수 있는 것이거든요. 저는 북한에 가면 가끔 그렇게 이야기합니다. 통일은 제가 보기에 말로만 해서는 안 되는 것이니까요. 그러면 펄쩍 뛰면서 그러지요. "그러면 어쩌잔 말이요?" "통일하지 말고 사이좋게 지내면 될 것이오." 라고 저는 말합니다. 그러면 이야기가 정말 잘됩니다. 내용이 깊어져요.

만일 말을 그렇게 할 수 없다면 방법의 문제로 이야기를 풀어나가면 됩니다. "평화가 중요하다. 남북간의 평화공존이 중요하다"라는 방법론이 그것입니다. '평화' 그것을 중심에 놓고 세 축으로 가야 합니다. 평화공존을 중심축으로 하고 한 축은 인도적 지원 그리고 또 한 축은 경제협력으로 가는 것입니다.

그렇게 가면 통일이 빨리 되겠지요. 그런데 통일을 가운데 놓고 떠들면 이게 안 되는 것입니다. 우리 현대사를 한 번 돌이켜봅시다. 이승만의 북진통일론 그리고 저쪽의 적화통일론, 그것은 모두 통일 안 하자는 사람들의 이야기였지 않습니까. 통일을 제일 열심히 떠들던 사람들이 사실은 통일을 결과적으로는 하지 말자는 사람들이었던 것이지요. 지금도 마찬가지라고 볼 수 있습니다. 통일만이 살길이라고 웅변하는 사람들, 그건 심정적으로는 이해가 되지만, 그렇게 할수록 통일은 멀어질 수도 있습니다. 그래서 그런 면에서 우리의 극우나 극좌는 한반도 통일이라는 과제를 놓고 반성해야 된다고 봅니다. 평화공존이 중심이고 인도적 지원과 경제협력을 제대로 실천해 나가는 것, 이것이 우리가 해야 되고, 그게 우리가 잘하는 것이라고 이야기할 수 있을 것입니다.

내부통일과 소통일과 대통일의 통일 과정이 통일의 길이다

그러면 통일로 어떻게 갈 것인지를 생각해 봅시다. 앞에서도 이미 이야기했지만 "통일은 내부통일과 소통일과 대통일의 통일 과정에서 이룩될 것"입니다.

내부통일은 내부통합을 말합니다. 우리는 서로 견해가 다른 사람도 포용해야 합니다. 저는 심지어 이런 이야기까지도 합니다. 통일을 반대하는 사람까지도 낙인을 찍지 않아야 내부통일이 된다는 것이지요. 이건 민주주의의 원리 그런 이야기가 아닙니다. 사람이 사는 사회는 다른 의견이나 다른 가치를 가질 수 있는 것이지요. 저는 통일을 원하지 않는 사람과도 대화가 되어야 한다고 생각합니다. 그걸 낙인을 찍어서 '나쁜 놈'이라고 해서는 안 된다는 것이지요. 저도 젊었을 때는 그랬지만 나이 들어서는 그런 생각을 버렸어요. 더 나아가 통일에 대한 방법론이 조금 다르다고 낙인찍고 이러는 것은 무지하게 잘못된 것입니다.

다음으로 소통일에 대해서 이야기해 봅시다. 저는 통일된 국가형태에 집착하는 통일운동은 통일에 정말 해가 많다고 생각합니다. 요새는 안 보이던데, 덕수궁 앞에서 몇 달간 연방제통일에 찬성한다는 서명활동이 있었어요. 이것에 대해 비난하려고 하는 것은 아닙니다. 하지만 우리의 통일은 간단히 이루어질 수 있는 과제는 아니지요. 지정학적으로는 4대 강국에 둘러싸여 있고, 또 과거에 지나치게 남북이 대립했었던 경험을 갖고 있습니다. 뿐만 아니라 내부가 너무 심하게 분열되어 있는 것도 심각한 문제로 남아 있습니다. 그러다 보니 통일이라는 것은 지난한 작업이 되는 것이지요.

더군다나 주변을 둘러싸고 있는 강대국, 그 가운데 러시아는 조금 덜하지만 중국과 미국, 일본의 역관계도 작용하고 있기 때문에 통일의 조건이 성숙되고 상황이 되면, 그때 준비된 정도나 조건에 맞는 형태의 통일로 가야 한다고 생각합니다. 상황과 조건에 맞는 통일이 바로 소통일이라고 보는 것입니다. 그런데 연방제다, 연합이다 이런 식의 통일이 아니면 안 된다고 국가 형태를 미리 정해 놓으면 얻는 것보다 잃는 것이 더 많을 겁니다. 연구나 토론은 좋지만 자기 방식만 주장하는 고정된 통일국가 형태는 도움이 안 됩니다.

대통일은 영토적 통일이 아니라 지구상에 흩어져 살고 있는 한반도 동포들, 즉 외국에 나가 있는 많은 남북 동포들과 지구촌 협력망을 만들어서 작동시키는 것을 말하는 것입니다. 한민족의 문화·경제적 협력망, 영어로는 코리안 글로벌 네트워크(Korean Global Network)가 되겠지요. 예를 들어, 미주대륙에 있는 우리 동포들이 북한에 어떻게 투자를 해야 되고 하는 방안들이 열린 자세로 논의되어야 한단 말입니다. 러시아에 있는 카레이스키가 우리하고 어떤 관계가 되어야 하고 어떻게 투자를 해야 하고 이런 게 이야기되어야 하는 것이지요. 이 이야기를 강조하는 것은 우리가 외국에 나가 있는 동포를 써먹으려고만 하지 진짜 도우려고 하지는 않는 좋지 못한 모습들이 있어 왔기 때문입니다.

그런데 이것을 내용적으로 판철하기 위해서는 세 가지를 다시 이야기하지 않을 수 없겠지요. 우선 내부통일은 구체적으로 내부통합과 튼튼한 경제를 이루어내는 것이 중요합니다. 경제가 너무 격차가 커지면 내부통합이 어려워집니다. 그래서 제일 핵심적인 것이 내부통합을 위한 튼튼한 경제 그리고 또 하나는 북한포용 통일준비입니다. 북한을 늘 포용하고, 경제적으로나 정치적으로나 통일준비가 되어 있어야 된다는 이야기입니다. 그런 의미에서 탈북자 동포에 대한 우리 사회의 통합력은 창피할 지경이라고 할 수 있어요. 이 정도의 통합력 가지고는 북한 포용이 안 돼요. 그 다음 세 번째가 연미화중, 즉 미국과 잘 연합하고 중국과 잘 화합해서 동북아 평화를 추구하는 것입니다.

그러면 통일된 우리 조국의 모습을 한 번 보도록 합시다. 우리가 큰 꿈을 가지고 있을 때 그리고 그 꿈을 이루기 위해 애쓸 때 꿈은 이루어지는 것입니다. 불교식으로 말하면 큰 원(大願)이라고 그러지요. 간절하게 바라는 큰 소원 말입니다. 통일도 마찬가지라고 할 수 있습니다. 간절히 바라는 마음이 있어야 우리에게 다가와 현실이 될 수 있는 것 아닐까요. 그런데 시간이 갈수록 큰 꿈이 시들어지거나 작아지게 됩니다. 그래서 통일교육운동이 중요한 것입니다.

아이들에게 통일에 대한 꿈을 주어야 되는 것이지요. 자기의 개인적인 꿈과 우리 민족이 크게 자기를 실현하는 꿈이 일치되어서 세계로 뻗어 나가는 모습을 그려 주어야 합니다.

통일의 길만을 말하는 단순한 통일교육이 아니라 좀 더 크고 넓은 차원의 세계시민을 염두에 둔 이야기를 들려주는 것이지요. 왜냐하면, 교육이라는 것은 그 당시 사회가 요구하는 가장 이상적인 인간상을 만들어 내는 것이고, 지금 우리 대한민국에서 필요한 것은 '한국인 세계시민'이라고 저는 보고 있는 것입니다. 좀 더 나아간다면 '한국인 우주시민'이라는 말까지도 쓸 수 있겠지요. 즉 한국 사람으로서의 정체성을 가진 아주 열린 사람, 그래야 통일도 이루고 세계평화까지도 담당하는 꿈이 큰 사람을 만들어 낼 수 있지 않을까요.

그런데 과연 대한민국의 젊은이들이 '한국인 세계시민'이 되고 있는가 하면 사실은 그렇지 못합니다. 한국인 세계시민이라고 하기보다는 제가 보기에 '한국인의 정체성이 없는 세계시민'으로 왔다 갔다 하고 그래요. 예를 들어 코이카(KOICA, 한국국제협력단)의 봉사활동을 하거나 세계를 여행하는 모습들을 보면 정체성과 개방성, 보편성이 약합니다. 아니면 지나치게 한국인의 우수성을 성취욕으로 변형시켜 오히려 폐쇄적이 되거나 하는 경향도 있지요.

지금의 상황에서는 전자가 더 많다고 보입니다. 한국인의 정체성이 없는 상태의 '엉터리 코스모폴리탄'과 치기어린 호기심이 수두룩합니다. 자원봉사를 주제로 한 탐방기나 여행

기라든지 TV의 오지탐험 프로그램 같은 걸 보면 그냥 정신들이 없는 거예요. 돈 가지고 그냥 왔다 갔다 하는 것뿐이지요. 한국사회에서는 안 된다고 하면서 휙 나가 버리고 하는 모습까지도 보입니다. 지금 우리에게 필요한 것은 무엇보다도 한국인의 정체성을 가진 세계시민이라는 의식을 갖추는 것입니다.

또 하나 심각하게 생각해야 하는 것이 있습니다. "세계 속의 한국"은 이미 경제가 13위국인데, "한국 속의 세계"는 왜 이야기가 덜 되는가 하는 것입니다. 한국에 들어와 있는 사람들을 못살게 굴고 으시대고, 또 밖으로 나가도 자기보다 못사는 나라에 가서는 왜 군림하려고 하는지 매우 걱정스럽습니다. 그러다가 우리보다 센 나라에 가서는 작아지는 이중적인 모습은 한국인 세계시민의 자세는 아니라는 것이지요.

당당하지 않아요. 속이 차 있지 않습니다. 속이 차 있으면서 열려야 하는데 말입니다. 그런데 속이 부실하면서 열려 있거나 속이 차 있지도 않으면서 꼭 닫아 버리는 사람들이 많은 것을 반성해 보아야 하겠습니다. 이건 심각한 이야기입니다. 우리는 항상 한국인 세계시민이 되어야 한다는 명제를 가지고 있어야 합니다.

민족대통합은 생명평화를 기반으로

그러면 우리가 이루어야 할 통일 한반도 민족대통합의 모습을 알아봅시다. 이것을 위해서도 꿈이 커야 한다는 것을 강조하고 싶습니다. 저는 당연한 이야기를 한 번 하겠습니다. 우리 경제는 허술한 점이 많고 기본이 많이 흔들리는 점은 있지만 중견국이 되었다고 할 수 있겠지요. 이 시점에서 우리의 과제는 경제강국을 넘어선 생명의 나라를, 즉 생명의 경제를 만들어 내는 것입니다. 그것이 우리가 이루어야 할 나라의 모습입니다. 그것은 통일을 성취한 다음에 만들어야 하는 것이 아니라 지금부터 계속해서 이루어 내는 노력을 하고, 통일이 되고 나면 그것을 더 촉진해야 하는 것입니다.

또한 우리는 지정학적으로 4대 강국에 둘러싸여 있기 때문에 군사강국을 넘어선 평화의 나라를 만들어야 합니다. 보통 오해들을 하고 있는 것이 있습니다. 스위스를 영세중립국이라고 표현하지만 사실은 군사강국입니다. 일단 유사시에 숨을 수 있는 방공호같은 것이 24~25만 개가 있는 안보 강국이지요. 깨끗이 다 정비가 되어 있다고 합니다. 군사강국을 넘어선 평화의 나라라는 것은 우리가 세계 여러 나라에, 특히 동북아시아에 평화를 나누어 줄 수 있는 나라가 되어야 한다는 말입니다.

2차 대전 후 140여 개 나라가 독립했지만, 우리나라만이 이룬 것이 두 가지가 있습니다. 하나는 산업화와 민주화를 동반 성취한 것이고, 또 하나는 원조 받던 나라가 '원조공여국(DAC)'이 된 것입니다. 남의 나라를 돕는 것은 두 나라 간 그리고 세계의 평화에 참 중요한 노릇을 합니다.

우리의 해외원조 실상은 어떻습니까? 원조 받는 나라에 실질적 도움이 되고 평화에 기여하고 있습니까? 코이카(KOICA), 새마을운동 등이 많은 나라를 돕고 있지만, 우리 스스로 자화자찬이지 그 곳 민중의 칭찬은 별로 못 들어 봤습니다. 오히려 "실적 위주이다, 보고서가 너무 많다, 원조 받는 나라의 실정에 맞게 그들의 문제 해결 능력을 키워 주는 원조 계획이 아니다." 등의 평을 듣고 있습니다.

분단과 전쟁 그리고 대결과 성취 속에서 커 나간 우리나라의 원조는 그렇게 하면 안 됩니다. 우리를 식민지 지배하던 나라, 우리를 갈라놓은 나라, 우리를 우습게보던 나라와는 근본적으로 달라야 됩니다. 어려움을 가슴 아파하고, 다양성을 이해하고, 그들 스스로 두 발로 튼튼하게 일어나도록 하는 원칙이 모든 원조 계획을 관통해야 합니다. 그래야 평화라는 씨앗이 싹을 틔워 큰 나무로 자라납니다.

문화의 나라에 대해 간단히 정리해 봅시다. 김구 선생이 감동적으로 설파하신 것이 "문화가 뛰어난 나라"라는 것은 누구나 잘 알지요. 아무리 강대한 제국을 이룩했어도 문화가 뛰어나지 못하면 오래 가지 못하지요. 13세기 때의 몽골대제국과 로마제국을 비교해 보십시오. 2차 대전 후 독일과 일본을 비교해 보십시오.

우리는 우리가 성취한 물질적 부를 넘어서는 '높은 문화수준'을 이룩해야 합니다. 생명, 평화, 자치, 생산, 협동, 공생, 개방, 진취, 다양, 통합, 민주 …… 문화가 우리가 이루고자 하는 문화의 알맹이들 입니다.

자, 이제 정리해 보도록 합시다. 우리의 통일은 우리 민족이 온갖 간난신고를 겪고 새로 재통합을 하는 민족적 대업입니다. 그와 동시에 세계의 평화와 생명과 문화의 대전환에 기여할 수 있는 인류사적 위업으로서의 통일을 생각해야 한다고 봅니다. 단순하게 통일이 되면 지금 남북에 있는 190만 명 정도의 군대가 50만 명으로 줄고, 경제가 최소한 10%씩 성장해서 55만 개의 일자리가 생긴다고 하는 산술적인 것을 넘어서서, 이렇게 민족의 대업이 되고 인류의 위업이 될 수 있는 그런 통일 사업이기 때문에 꿈을 그게 가져야 한다고 우리의 아이들에게 가르쳐야 합니다. 군대가 50만 명으로 줄고 하는 것도 대단한 것이지만, 그걸 넘어서는 꿈을 갖게 하는 것이 더 중요하다는 말입니다.

DMZ 평화동산에는 12사단에서 기증한 고물 탱크 두 대가 있습니다. 거기에다 방문객들과 학생들이 함께 그림을 그렸어요. 앞에 있는 것이 '통일호'인데 그 통일호의 이름이 '삼태극호'입니다. 삼태극은 천지인 일체라고 하는 생각을 나타내고 있는 것입니다. 그래서 우리의 통일은 남북이 하나 되면서 하늘과 땅과 사람이 하나 되는, 즉 자연과 인간이 하나 되는 생명의 나라라고 하는 의미에서 '삼태극호'라고 이름을 붙였다고 설명하면 아이들이 정말 좋아해요. 우리의 통일은 그런 통일입니다. 남북이 하나 되고 자연과 하나 되는 그런 통일이 진짜 통일 아니냐 하는 것이지요.

뒤에 있는 '평화호'는 하얗게 칠했어요. 평화동산을 방문한 외국인들, 탈북자들, 우리 동네 어린이들, 할아버지들, 부녀회원들이 모두 모여서 페인트칠을 했습니다. 하얀색은 평화를 의미하며 이름은 '삼족오호'입니다. 삼족오는 옛날 고대조선 때부터 태양에 산다고 했던 영원의 새, 까만 새를 말합니다. 평화는 영원해야 하기 때문에 삼족오호로 이름을 지었지요.

다시 현실로 돌아와서, 이건 직시해야 하는 것이지만, 대개 나라가 갈라지거나 망했을 경우, 한 세대 안에 복구해 내는 것이 가장 현실적입니다. 그 이상의 시간이 지나 버리면 어려워져요. 우리 역사에서도 그런 것을 볼 수 있습니다. 잘 알고 있는 이야기이지만 고구려가 서기 668년에 망했는데 진, 즉 발해가 딱 30년 후에 세워집니다. 698년에 천문령 전투에서 대승을 거두고 동모산에서 진국을 건국했어요. 꼭 30년 걸렸지요.

그것은 상식이라고 할 수 있습니다. 30년 안이면 다 서로 알잖아요. 다 친구고 일가친척이고 그러니까 그렇게 될 수 있는 것입니다. 그런데 우리는 갈라진 지 두 세대가 지났습니다. 두 세대이니까 이미 이산가족들이 다 돌아가시는 상황이 된 것이죠. 그렇게 되면 핏줄, 다시 말해 혈연관계가 엷어지는 것을 의미하는 것입니다. 사람이라는 것은 현실적인 존재이기 때문에 혈연이 약해지거나 끊어지면 관계가 엷어지게 됩니다.

서로 나뉘었을 때 시간이 지날수록 무엇이 바뀌는가 하면 말이 바뀌게 됩니다. 세 세대가 지나면 소통이 안 되는 말이 너무 많아지게 됩니다. 지금 북한에 가면 저는 다 소통이 됩니다. 그런데 젊은 애들의 언어 가운데 15% 정도는 서로 무슨 말인지 몰라요. 말과 밥은 문화의 기본입니다. 서로의 관계가 끊어지면 말이 서로 달라지기 시작합니다. 말이 달라진다는 것은 생각이 달라진다는 것이고, 소통이 안 된다는 것이지요.

그러면 우리 민족이 함께 살아야만 한다는 절실함이 약화됩니다. 바로 그래서 세 세대가 가기 전에 통일을 해야 하는 절실함이 있는 것입니다.

3장

생명의 나라, 평화의 나라, 문화의 나라

내부통합을 위해 필요한 것은

어느 정부나 새로 들어서면 내부통합 이야기를 많이 합니다. 이번 정부나 지난 정부들이나 모두 국민대통합위원회 같은 것을 구성하고들 했거든요. 사실 이 일은 쉬운 것이 아닙니다.

이념의 성역에서 벗어나야

먼저, 내부통합, 내부통일에 있어서 이념적인 문제부터 생각해 봅시다. 사실 내부통합을 이야기할 때 중요한 쟁점 중의 하나가 남북관계입니다. 남북관계는 원인이 결과가 되고 결과가 원인을 더욱 심화시키고 하는 현실의 문제입니다. 예를 들어 북을 어떻게 이야기하느냐에 따라서 완전히 반북이니 종북이니, 친북, 빨갱이라고 낙인을 찍어 버리니까 논의가 앞으로 나아가지를 못합니다. 그런데 이 문제를 해결하려고 할 때 그것만 따로 분리해서 이야기해서는 안 된다고 봅니다. 특히 내부통합 이야기를 하기 위해서는 좀 더 넓은 생각을 가지고 포괄적으로 봐야 하겠지요.

물론 논쟁이 필요한 깃이기는 하지만 저는 이런 식으로 이야기를 하면 어떨까 생각합니다. 대개 자유시장경제를 중시하는 사람들은 계획경제라든지 강력한 규제를 이야기하면 펄

펄 뛰는 경우가 많습니다. 그것들이 마치 자본주의 체제를 부정하는 것인 양 받아들이는 것입니다. 하지만 자본주의 체제가 전적으로 자유시장경제는 아니지요. 시장경제는 인간의 삶에 필요한 수요와 공급 때문에 인류 역사와 함께 나타난 것이란 말입니다. 그런데 그것을 완전히 신성시하고 있는 것입니다. 그래서 그걸 조금만 통제하자고 이야기 하면 완전히 빨갱이로 몰아세우고 하는 상황이 나타나고 있습니다.

시장경제를 이렇게 성역화해 놓은 것이 문제입니다. 저는 시장을 민주적으로 통제하는 것은 아주 좋은 것이라고 봅니다. 시장경제의 나쁜 점, 즉 강자의 자유를 통제할 수 있는 것은 규제밖에 없지요. 또 하나의 방법은 높은 수준의 사람들이 운동으로, 생활운동을 통해서 고치는 것입니다. 그런데 그것은 대단한 이상이겠지요. 그 사회의 구성원들이 높은 수준이 되면 자유시장경제의 횡포를 시정할 수 있습니다. 그러나 그것은 이상적인 이야기일 뿐이고, 결국 현실적으로는 규제와 구성원들의 생활운동 이 두 가지가 같이 가야 됩니다.

그래서 내부통합을 이야기할 때 자유시장경제라든지 자유민주주의를 거의 성역불가침이라고 주장하거나, 똑같이 사회주의 계획경제를 우상화하는 것에 대해서는 근본적으로 이야기를 해야 됩니다. 따라서 그것에 대해 문제제기 하는 것 자체를 무슨 무슨 주의자로 몰아붙이는 것은 사물과 현상을 보는 눈에 문제가 있는 것입니다.

자본의 지나친 집적과 집중에 의한 불평등 사회를 해결하는데 있어서 사회주의, 공산주의를 아직도 유효한 이상으로 주장하는 사람들이 있기는 합니다만, 국가 단위의 사회주의가 실패했다는 것은 러시아 혁명 이후로 지금까지 다 증명이 되었습니다. 다만 작은 단위에서의 사회주의, 공산주의는 가능하다고 봅니다. 조그마한 몇 십 명, 몇 백 명 단위에서는 말이지요. 국가적으로나 역사적으로 사회주의, 공산주의는 실패했기 때문에 겁을 내지 않아도 된다는 말입니다. 그 대신에 자본의 횡포를 적극적으로 해결하려고 했던 다양하고 작은 실천은 긍정적으로 보아야 한다고 생각합니다. 그런데 지금도 이것을 국가 단위로 그리고 권력 차원으로 접근하게 되니까 예전의 치열했던 이데올로기 논쟁으로 다시 돌아가는 것입니다. 완전한 시장경제, 완전한 계획경제는 존재할 수 없다는 것은 누구나 다 알고 있습니다.

그리고 아마도 가장 좋은 인간사회의 모습은 다양한 경제의 모습이 공존하는 '다중경제'일 것입니다. 그렇다면 자유시장경제 또는 사회주의 계획경제라는 것을 성역화하고 우상화하기 보다는 개방적이고 정직한 토론을 통해서 극복했으면

하는 바람입니다.

이미 대한민국과 북한은 체제경쟁을 이야기할 필요가 없을 정도로 너무 경제적으로 차이가 벌어져 있습니다. 대략 40:1 정도의 차이를 나타나고 있습니다. 이런 상태라면 체제 경쟁이라는 상황에 대해서 거의 우려할 필요가 없다고 해도 지나치지는 않을 것입니다. 북한이 핵무기를 만들고 자주 말썽을 일으키는 등 여러 가지 잘못을 저지르니 굶주림에 허덕이는 북한 동포를 도와야 한다는 인도적 차원의 지원도 보는 이에 따라서는 소위 '퍼주기'로 비난받을 수도 있는 게 우리의 현실입니다. 또한 북을 돕는 것은 사실은 우리 자신의 경제적 시장을 확장하는 남북경제공동체의 기반을 닦는 일이라는 시각이 있는 것 또한 현실입니다. 이처럼 인도적 대북지원 과제 하나만 보더라도 '한쪽 눈'으로 보면 적대적으로 될 수밖에 없습니다.

밥과 말의 격차를 줄여야

두 번째는 경제통합의 문제입니다. 내부통합을 위해서는 앞에서 이야기했듯이 튼튼한 경제를 이루어내는 것이 중요합니다. 경제가 너무 격차가 커지면 내부통합이 어려워지기 때문에 제일 핵심적인 것이 내부통합을 위한 튼튼한 경제가 준비되어야 합니다.

세 번째는 교육훈련이라고 봅니다. 제가 보기에 우리 사회는 민주주의 교육훈련이 너무 안 돼 있습니다. 우리 모두 자주 느끼는 것이지만, 남의 의견을 잘 듣고 자기 의견을 이야기하는 연습이 부족합니다. 저는 인제에 있으면서 현장 사람들과 많은 대화를 하고 회의도 많이 하곤 합니다. 그리고 꼬마하고도 이야기하고 그러는데 모두 자기 의견을 잘 이야기하지 않아요. 특히 마을회의 같은 것은 상당히 심각합니다.

일상적으로 자기 의견을 흔쾌하게 발표하는 것이 제일 좋은 것이지요. 그런데 자기 의견을 이야기하고 남의 의견을 듣고 그런 훈련이 너무 안 되어 있는 것이 현실입니다. 제가 보기에는 가정에서부터 안 되고 있는 것 같습니다. 학교에서도 이런 것을 자연스럽게 습득하는 과정이 별로 없어 보입니다. 물론 이걸 형식적으로는 하지만 실제로는 거의 작동이 안 되기 때문에 문제가 되는 것이지요.

너무 구체적인 예이기는 하지만, 작년에 우리 마을에서 'DMZ 평화축제'를 하기 위해 가졌던 모임에서 있었던 이야기를 해보겠습니다. 이장들이나 부녀회장들하고 다 함께 모였을 때, "제가 보기에는 지금까지와 같은 축제라는 것을 하게 되면, 하는 과정이나 끝나고 나서 서로 기분만 나쁘고 그러니까 오히려 안 하는 것이 낫지 않겠습니까. 한 번 솔직히들

이야기해 봅시다." 라고 했습니다. 늘 그래요, 대부분의 축제가 제가 보기에는 우리나라 축제의 90%가 그렇습니다. 그랬더니 축제는 하긴 해야 된다고 하기에, 그러면 "축제가 무엇인지 우리가 어느 정도 알고 있을까요?" 라고 했더니 잘 모른다고 그러더군요. 그러면 모르면서 왜 여태까지 했느냐고 물었습니다. 보통 남들이 기획해 준 것을 그냥 하곤 합니다. 그래서 동네 사람들, 특히 나이든 사람들한테 물어보면, 그전에 우리끼리 면민체육대회 하고 그럴 땐 진짜 화기애애하게 잘하고, 잘 의논해서 하고 그랬는데 요즘은 돈이 개입되어서인지 이상하다고 합니다. 축제라는 것이 즐겁고 나누는 모습들이 되어야 하는데 그렇게 하지 못하고 있는 것입니다.

사람이 살아가는데 있어 가장 기본적인 것은 '밥'과 '말'입니다. 단순화하면 밥은 경제이고 말은 정치입니다. 이 둘을 합쳐 놓은 것이 사회와 문화입니다. 말이 제대로 되어야 서로 통하고, 통해야 타협도 되고 합의도 되는 것인데 우리 사회는 "말이 안 되는 모습"이 너무 많습니다. 그리고 그건 도시건 농촌이건 똑같아요. 학교에서의 학급회의, 시군의회의 회의 이런 것도 제가 보기에는 제대로 된 회의라고는 할 수 없습니다. 우리가 늘 국회에서 제대로 된 회의가 없다고 말하는 것과 똑같은 현상입니다. 뭔가 상대방을 배려하면서 문제를 풀어

나가기 위해 진지하게 이야기가 이루어지는 모습들이 보이지 않는 것이 안타까운 것입니다.

회의의 민주화, 대화하는 것을 생활화해야 한다고 생각합니다. 제가 가톨릭농민회 활동을 할 때, 70년대부터 '마을회의의 민주화'라고 해서 연습까지 하고 그랬었습니다. 역시 연습을 하니까 훨씬 나아지기는 하더군요.

내부통합을 생각할 때 이런 세 가지를 깊이 고민할 필요가 있습니다. 성역화해서 한 쪽을 때려잡는 문제, 경제문제 그리고 대화의 생활화 문제, 이 세 가지는 적극적으로 실천하여 극복을 해야 되겠습니다.

앞에서도 말했듯이 소통일이라는 것은 국가형태에 집착하면 안 되겠다는 이야기입니다. 그러면 대통일은 무엇일까요? 우리가 반성해야 될 일인데, 아직도 해외에 나가서 잘 살아가는 사람들을 써먹을 생각만 하지 잘 도와주려고 하는 경제, 문화정책이 우리에게는 빈약합니다. 밖에 나가 있는 친한 사람들을 만나 솔직하게 대화하다 보면 많은 이들이 화를 내는 것을 볼 수 있습니다. 친척들도 와서 신세질 생각만 하지 무엇인가를 함께 해보려고 하는 생각들은 없다고 합니다. 과거 못살고 그럴 때 신세지고, 재일동포로부터 투자받고 하던 것이 몸에 배어 있는 것 같다는 것입니다. 또한 외국에 대한 이상한 이중적 태도 같은 것이 우리들에게 있는 것 같습니다. 그것은 문화수준이 낮아서 그런 것입니다. 사실은 우리의 경제수준이 이 정도가 되었으면 거기에 걸맞게 문화수준을 높여야 하는 것입니다. 제가 늘 하는 말로 "세계 속의 한국", 세계로 진출하는 한국만 자꾸 이야기하는데, 이제는 "한국 속의 세계"까지 통합을 해서 이야기해야 대통일적인 사고가 나온다는 말입니다.

구소련은 124개인가 125개 소수민족의 연방이었습니다. 그 구소련 시대 때 영웅훈장을 1,200명에게 주었는데 그 중에서 카레이스키가 받은 것이 750개라고 합니다. 우리는 참으로 대단히 우수한 민족인 것입니다. 그런 것을 잘 생각하면서 이를테면 너무 한국 중심적으로만 생각하지 말고, 세계 각국에 흩어져 있는 우리 동포들이 진짜 잘 살고 문화수준을 올리도록 도와준다면, 이게 우리의 통일에 나중에 얼마나 기여를 하고 통일 이후에도 얼마나 큰 도움이 되겠는가 하는 이야기입니다. 저는 이것을 상당히 강조해야 한다고 생각하고 있습니다.

생명의 나라

그러면 이제 본격적으로 경제강국을 넘어선 생명의 경제,

생명의 나라라는 것을 생각해 봅시다. 꼭 경제만은 아니지만 경제 중심으로 보면서 평화의 나라, 문화의 나라에 대해서 이야기해 보지요.

자유시장, 호혜경제, 배려경제

사실은 지금 지구에 살고 있는 뭇 생명이, 즉 지구생명이 임계점에 완전히 도달했다는 이야기입니다. 지금 이 정도로도 생태계가 파괴, 교란, 유린되고 생명자원이 거의 위태로운 지경에 와 있는데 그것의 해결을 자유시장경제에 맡기는 것이 무슨 의미가 있는가 하는 물음입니다. 그래서 저는 이렇게 생각합니다. 경제를 자유시장경제 - 호혜경제 - 배려경제로 나눠놓고, "자유시장경제는 생명사회 기준에 따라 규제하고", 호혜경제는 "생명사회 기준에 따라 이것을 중심에 두고", 배려경제는 "생명사회의 기준에 따라서 육성"해야 합니다. 해법들은 다 아는데 실천을 안 하는 것입니다. 일국 내에서도 안 하고 국가끼리도 안 하고, 이래서는 안 되는 것입니다.

자, 그러면 지구, 지구생명은 어떻게 뇌어 가겠습니까? 그것을 과학적으로 설명하면 이렇게 됩니다. 과학적 예측으로는 350년 안에, 지구생명의 6차 대절멸이 시작된다고 합니다. 3년 전까지는 500년 안에 온다고 그랬다가 더 당겨져 버렸습니다. 그러면 그때 인류가 얼마나 살아남을 것이냐 하는 것이 중요하겠지요.

세계 과학자들이 여러 가지 수치를 가지고 판단한 것인데, 과거 종의 대절멸 때에는 20%가 완전히 없어진 경우도 있고, 80%가 없어진 경우도 있고 그랬습니다. 그런데 이번에는 그 정도가 어떻게 될지 예측할 수가 없다고 합니다. 왜냐하면 과거에는 지구 스스로의 작용에 의해서 그렇게 없어졌기 때문에 화석 같은 것을 연구하면 대충 알 수 있었습니다. 하지만 이번에는 지구의 작용과 인간의 작용이 복합되어 있기 때문에 어떻게 될지 모르겠다는 것입니다. 다만 조심스러운 수치로 제시되는 것이 인류는 1%가 살아남을 것이라고 본다는 것입니다. 그래서 약 7천만 명이 지구상에 살아남을 것으로 예상된다고 합니다.

그렇다면 이미 임계점을 넘어섰는지도 모르지만, 지구생명이 임계점에 가까이 왔다고 하면 지금부터 진짜 살아남기 위한 노력을 해야 어느 정도 생존할 수 있을 것입니다. 그런 노력을 하지 않으면 끝나 버릴 수도 있습니다. 다른 관점에서 보면, 지구생명공동체를 위해서는 인간이 아예 없어지는 편이 나을 수도 있습니다. 그러나 인류가 착한 방향으로 진보한다고 전제하고 우리가 생각하기에는 아직 시간이 있으니까 생명의 경제로 바꿔나가는 노력이 필요하지 않을까요.

이것은 정말 절박한 이야기입니다. 이미 오래전 일이지만, 범인류적인 노력의 필요성이 이야기되고 각국이 움직여야 된다고 해서 1972년에 스웨덴 스톡홀름에서 '유엔인간환경회의'가 열렸습니다. 그래서 6월 5일이 세계환경의 날이 되었던 것입니다. 그리고 그 다음에 1992년에 리우에서 '유엔환경개발회의'가 개최되어 '지속가능한 발전'이 권고되었습니다. 지금도 지속가능한 발전을 목표로 하는 '지방의제21' 노력들을 하고 있기는 합니다만, 그 운동적인 면에 대해서는 좀 비판적인 친구들이 있습니다. 거의 절반 정도가 관 체질로 바뀌었다는 이야기도 있습니다.

어쨌든 문제는 더 심각해졌습니다. 그래서 유엔 2002년도 총회에서는 무엇을 결의를 했는가 하면 '지속가능발전교육'을 하지 않으면 안 된다고 결의를 했던 것입니다. "2005년도부터 2014년까지 우선 10개년간 하자" 이렇게 결의를 합니다. 그래서 내년에 10년을 결산하면서 또 유엔 차원의 회의를 또 하게 됩니다. 그동안 니고아의정서니 뭐니 여러 가지가 계속 나오고 있었던 것은 일일이 이야기할 것도 없이, 이렇게 회의를 하고 보고서는 나오는데 상황은 더 나빠져 가는 것이었지요. 지구생명의 질서 전체가 더 나빠진 것입니다.

그런데 제일 절박한 것은 보통 이야기하는 생명자원, 즉 식량, 연료, 물 이 세 가지가 결정적으로 이미 모자란다는 것입니다. 연료문제를 보면 세일석유, 세일가스라는 것을 찾아내서 해결책이 있을 것처럼 이야기하지만 그건 그저 연명 수단에 불과한 것으로 보입니다. 세일석유나 세일가스는 개발 과정에서 많은 지하수 오염과 메탄가스 방출로 결코 대안이 아닙니다. 생명자원 자체가 이미 선을 넘어섰다고 하면 그건 경제 이전에 생존문제를 가지고 경제를 본격적으로 재편성을 해야 되는 것이지요. 그렇지 않으면 방법이 없습니다.

모든 게 때가 있습니다. 그 때를 넘어서면 엄청난 노력을 해도 그 효과가 나오지 않습니다. 그래서 생명의 경제 중심으로 생명의 나라를 만드는 것은 인간이 살아남기 위해서 하는 것이지, 이게 이상적인 것이 절대 아니란 것입니다. 그리고 그렇게 노력을 하면, 아직은 시간은 좀 있는 것 아닌가 생각합니다. 왜냐하면 제가 경험한 작은 실천을 생각해 보면, 춘천 북산면 부귀리에서 마을 사람들과 10년 정도 자연보호를 하고 그러니까 산양 서식처로 바뀌었습니다. 인제평화생명동산은 3년차에 들어서니까 반딧불이와 뱀이 나타났습니다. 자연이라는 것이 그렇게 복원력이 센 것이라는 것을 실감할 수 있었지요.

그런 면에서 생명의 경제 중심으로 생명의 나라를 만드는 것은 우리가 지금 논의되고 있는 지속가능발전 정도로 할 게 아닙니다. 상당히 강도 높은 논의를 통해서 우리 교육이나 산업, 문화 등 모든 영역에서 생명의 나라 만들기로 완전히 새롭게 재설정하지 않으면 힘들 것입니다.

인제에서 하고 있는 이야기를 좀 해보겠습니다. 지금 우리는 화석연료를 사용하여 대규모로 밤낮없이 24시간 불을 때서 생산력을 높이고 편하게 살고 있습니다. 이 때문에 지구가 뜨거워지니까 지구 온도를 낮추기 위해서는 전기를 절약하면서 동시에 재생에너지 개발 이렇게 두 축으로 가야 된다고 이야기를 하지요. 그런데 두 축 가운데 더욱 중요한 것은 절약입니다. DMZ평화동산에는 수많은 사람들이 오고 그러기 때문에 우리의 노력만으로는 되지 않습니다. 그래서 방문하는 사람들에게 절약을 요청하고 했더니 첫해에 1년 동안 47만 ㎾ 썼던 것이 이듬해에 36만 ㎾로, 그러니까 23% 정도 절감이 되었습니다. 본격적으로 동참을 요청하고 그랬더니 그렇게 변화가 나타났던 것입니다. 조금 더 구조적인 노력을 하면, 예를 들어 전등을 LED로 바꾸고 단열재 등을 보강하면 35% 정도는 절약할 수 있을 것으로 판단되었습니다.

종합적으로 노력을 하면, 즉 구조를 바꾸고 정책을 바꾸고 생활습관을 바꾸면 평균 20%는 절약할 것 같아요. 공장이건, 사무실이건 어디건 평균을 잡으면 그렇다는 이야기입니다. 인제에서 전깃불을 가장 많이 쓰는 곳이 어딘가 하면 가게입니다. 특히 음식점, 불을 켜지 않으면 영업에 지장이 있다고 그래요. 그래서 제가 인제지역의 여성들에게 이렇게 이야기를 했습니다. 인제는 늘 관광을 중요하게 이야기하곤 합니다. 그런데 솔직히 이야기해 보자고 그랬어요. "사실은 인제의 산천이 빼어나서 사람들이 오는 것이지, 여기의 사람들이 뛰어나서 오는 게 아니잖느냐"고 말입니다. 그런데 "우리가 노력을 해서, 인제군 전체가 2~3년간 전기를 20% 절감했다고 칩시다. 그러면 전국의 상당히 많은 기초자치단체나 환경단체, 관심 있는 학생들이 견학하러 올 것이고, 그러면 인제군의 입장에서 보면 관광객이 온 것이 됩니다. 그냥 경치가 좋아서 왔던 사람한테 밥 한 그릇 파는 것 하고, 내가 남을 가르치는 입장에서 무엇을 하는 것 하고는 완전히 다른 것입니다. 즉 인제군의 사람들의 수준이 올라가서 사람들이 온 것입니다. 배우러 온 것이란 말이지요. 그런 것이 진짜 관광 아닙니까?"라고 그랬습니다. 자연경관과 인간의 노력이 합쳐졌을 때 그것이 바로 좋은 관광입니다. 가르치는 입장이 되면 좋은 마음을 가지게 됩니다. 자랑을 하기는 하겠지만 남을 가르치면 자기를 되돌아보게 되고 그것이 곧 발전의 동력이 되는 것입니다.

생명의 나라라는 것이 바로 그런 경제를 중심으로 이루어지는 것입니다. 생명문화가 전면화 되도록 하는 것이지 경제 몇 개만 바꾸고 그런다고 해서 되는 것은 아닙니다. 그러니까 그런 것을 종합적으로 생각하면서 세심하게 기획을 해야 된다고 생각합니다.

평화의 나라

이제 평화의 나라를 생각해 봅시다. 뭐든지 이론과 실천이 함께 중요한 것입니다만, 평화를 이야기할 때 저는 이렇게 말하곤 합니다. 나의 평화가 중요하다. 내가 평화롭지 않은데 어떻게 남하고 평화가 이루어지겠느냐고 말이지요. 나의 평화를 유지하는 일, 다시 말해 자기 마음을 잘 다스릴 수 있기 위해서는 어렸을 때부터 교육이 되어야 합니다. 그렇지 않으면 서로 신경질을 내고 이용만 해먹으려고 하는 모습을 보이게 됩니다. 그래서 반드시 나의 평화에서부터 출발해야 합니다.

그 다음에는 나와 너의 평화, 즉 사회의 평화입니다. 이것 역시 나의 평화 없이는 불가능한 것입니다. 지금 우리 사회에서 평화가 제일 파괴되고 있는 대표적인 현장을 찾으라고 하면 어디가 될까요? 아마 기업 현장과 학교 그리고 가정이라고 말할 수 있습니다. 평화가 없거나 부족한 곳들입니다.

가정의 평화. 쉽게 말하기 어렵지만, 돈 문제와 입시 때문에 가정은 어른과 아이들과의 대화 기회가 거의 없어져 가고 있습니다. 지금의 학교는 학생인권 차원으로 접근할 때가 아니라고 생각됩니다. 학교 전체가 폭력의 산실이 되어가고 있는 것처럼 보입니다. 과거에도 물론 인간사회에는 폭력은 있었지요. 그러나 지금은 조직화되고 인간성을 유린하는 식의 폭력으로 되었기 때문에 심각한 것입니다. 그 문제를 해결하는데 학생인권조례나 상담은 필요하겠지만 그것이 그렇게 유효한 것인지는 다시 생각해 볼 필요가 있습니다.

가정, 학교, 기업 현장의 평화를 어떻게 구현할 것인가? 여기에 대한 근본적 반성과 성찰 없이 대증요법으로 내세우는 여러 가지 법과 제도는 실효성이 적습니다. 과연 어떻게 해야 할까요?

궁극적 평화는 인간과 자연의 조화입니다. 그것을 참된 평화라고 말해도 좋을 것입니다. 지금처럼 완전히 도시화된 대중소비사회 속에서 참된 평화라는 것이 무엇인지를 생각해 보는 게 중요합니다. 그런데 그게 쉽지 않지요. 그러다 보니 연휴나 주말에 자연과 좀 더 가까이 다가가서 조금이라고 불편한 마음을 풀어보려고 하다 보니 차가 도로에서 몇 시간씩 막히고 하는 현상까지도 생기는 것입니다. 이와 같이 거대문명과 대중사회가 얽혀 끊임없는 생명파괴와 소비 그리고 경쟁으로 치닫는 것이 문제입니다. 이것을 어떻게 할 것이냐, 이것은 평화의 나라를 만들기 위한 과제와도 연결되어 있는 것입니다.

우리는 불행하게도 남북이 갈라져 있기 때문에 민족의 평화를 이야기할 때, 반드시 주변 4대 강국과의 관계 속에서의 민족 간의 평화까지 고려해야 합니다. 우리 민족의 평화와 통일의 과업을 달성하기 위해서는 우리가 해야 될 일도 많고 고려해야 할 변수도 많습니다. 이것은 우리의 통일이라는 것이 보통의 통일이 아니라는 것을 이야기하고 있는 것입니다. 베트남과 독일의 통일을 뛰어 넘어 우리의 통일은 그야말로 민족사적 위업이면서 인류사적 대업이 되는 통일이 되어야 하는 것이지요. 따라서 문명 전체를 생각하고 생명과 평화를 전체적으로 생각하는 통일론으로 가야만 그것이 가능하다고 저는 생각하고 있습니다. 그렇기 때문에 지금과 같은 수준의 통일론으로는 부족하다는 것이지요.

조금 다른 이야기가 되지만, 이번 노무현 대통령과 김정일 위원장의 남북정상회담 대화록 일방적 공개 사태를 보면서 저는 일반적인 관점과는 좀 다른 차원에서 실망을 했습니다. 사건 자체는 공개되어서는 안 될 것을 했으니까 잘못된 것입니다. 그런데, 저는 그것 말고 두 정상의 대화의 내용에 대해서 아쉬운 생각이 많이 들었습니다. 무슨 말인가 하면, 국가와 민족을 이끄는 입장에서 이야기하는 것이라고 하면 그렇게 이야기를 풀어나가서는 안 된다는 것입니다.

제 생각에는 이렇게 이야기를 해야 된다고 봅니다. 모두 발언에서 우리의 분단이라는 것이 무엇이고, 현재의 우리의 대결이 무엇을 의미하고, 우리의 통일이 무엇인가에 관한 큰 민족사적 소명이라든지 철학적 바탕 이런 것이 먼저 이야기가 되어야 했습니다. 저쪽이 이야기를 안 하면 우리라도 이야기를 하고 그랬어야 되는 것이지요. NLL 문제도 이런 이야기가 바탕에 있어야 발전적인 방향으로 논의가 될 수 있는 것 아닐까요? 그야말로 '안보의 지도 위에 경제협력의 지도를 덮는다'는 것인데, 그런 밑바탕은 이야기하지 않고 현실적인 내용에 관한 이야기만 하고 있었던 것입니다. 제 말은 협력과 공존의 철학과 길을 더 많이 설파하지 못한 아쉬움에 대한 것이지, 서해평화협력의 구상과 내용은 대단히 중요합니다.

저는 북쪽 사람들을 만났을 때 좋은 이야기들, 예를 들어 민족의 과제와 같은 거시적인 차원의 말을 하곤 합니다. 정상 끼리의 회의건 우리 같은 백성끼리의 회의건, 인간관계라는 것은 상호관계이기 때문에 내가 어떤 이야기를 하는지에 따라서 저쪽도 달라지게 됩니다.

평화의 나라에 대해서 생각할 때, 우리는 통일을 이루는 과정과 통일 이후에 진정으로 평화를 나누어 주는 나라가 되어야 한다는 목표를 갖고 있어야 합니다. 그리고 많은 나라의 유학생들이 우리의 그와 같은 평화를 배우러 와야 된다고 봅니다. 우리가 그런 큰 꿈을 갖고 있어야 한다는 말입니다. 그런데 지금은 유학생들이 오히려 한국을 싫어하게 된다고 합니다.

북한의 핵무기 철폐도 지구상의 모든 핵무기를 철폐하는 대평화운동을 하기 위한, 큰 평화민족이 되기 위한 것이기 때문에 그래서는 안 된다는 큰 관점도 갖고 있어야지, 북핵만 이야기하면 해결되지 않습니다. 무엇보다도 꿈이 커야 되는 것입니다. 즉 불가(佛家)에서 이야기하는 소망, 원이라고 하는 것인데 이게 너무 작아요. 우리는 생명과 평화를 목표로 정말로 크게 원을 세워야 합니다.

문화의 나라를 위한 교육개벽

그러기 위해서는 물질 우선을 넘어선 문화의 나라가 되어야 합니다. 지금 이 시대에 그 누구도 물질을 거부하고 있지는 않습니다. 사람은 물질적 존재이면서 정신적 존재이기 때문에 물질을 거부하는 것이 아니라 물질의 노예가 되어서는 안 된다는 이야기를 강조하고 있을 뿐입니다. 즉 돈이 사람을 따르게 해야지 사람이 돈을 따르는 세상이 되어서는 안 된다는 말입니다.

작년에 하나경제연구소에서 우리나라에 금융자산을 10억 이상 가진 사람이 얼마나 되는지 조사한 결과를 올 2월에 발표를 했습니다. 그 숫자가 15만 6천 명이라고 합니다. 그래서 부동산 같은 것을 빼고 금융자산을 얼마나 가지고 있으면 부자라고 생각하는지 그 사람들에게 물어보았다고 합니다. 그 사람들이 대답한 평균이 114억입니다. 이런 조사결과를 생각하며, 얼마 전에 성북구청 6급 공무원들에게 제가 물어보았습니다. "당신들은 얼마를 갖고 있으면 부자라고 생각합니까?" 그랬더니 5억이라는 대답이 일반적이었습니다. 그들은 자기 집 이런 것 빼놓고 금융자산이 5억이면 부자라고 생각한다는 것입니다. 그렇다면 시민운동을 하는 사람들은 어떻게 생각하고 있을까요? 그들은 2억이라고 답하더군요.

사람들의 생각은 그렇게 다 다른 것입니다. 금융자산을 10억 이상 갖고 있는 사람들, 즉 자기가 114억 정도 갖고 있어야 부자라고 생각하는 사람들의 가치관이나 세계관, 문화수준과 공무원 그리고 시민운동 하는 사람들의 문화수준을 한 번 비교해 봅시다. 과연 누가 행복할까요? 제가 보기에 일률적으로 답하기는 힘들지만, 아마도 6급 공무원으로 일하는 사람들이 올바른 생활만 하면 제일 행복할 것이라고 생각됩니다. 이에 비해 돈이 많은 사람들은 돈에 얽매여 더 큰 부를 추구하는 삶에 매달리고 있고, 시민운동 하는 사람들은 너무 돈이 없어서 문제가 되고 있는 상황입니다.

하여튼 물질은 인간의 삶에서 필수불가결한 것입니다. 그런데 문제는 인간이 주인이 되고 물질이 수단이 되는 그런 문화의 나라가 되도록 어떻게 조직할 것인가 하는 것입니다. 한 사회를 그렇게 만들기 위해서 제일 중요한 것은 교육을 개벽하는 일입니다. 저는 교육개혁이란 말은 한 20년 전에는 썼었는데 지금은 쓰지 않고 있습니다. 우루과이라운드 때 교육개혁이라는 말을 했습니다. 그런데 실질적으로 이루어지지 못했습니다. 왜냐하면 교육관계 당사자들이 하기 때문에 안 됐습니다. 다시 말해 교육부가 하기 때문에 안 되는 것입니다. 스스로 개혁 대상이면서 부분적인 전문가 — 그러니까 전문가가 아닙니다. — 들이 주도하기 때문에 안 되는 것입니다.

그리고 교육개혁 말고 교육혁명이라는 말을 하는데, 그 교육혁명도 안 되는 것 같습니다. 그래서 이제는 완전히 교육을 개벽하는 차원으로 접근을 해야 된다고 생각합니다. 지금은 교육혁명 이야기하면서 몇 가지 뻔한 이야기밖에 하지 않고 있습니다. 예를 들어 입시제도를 바꾸어야 한다는 등의 논의인데, 아니 교육혁명을 이야기하면서 왜 입시제도 중심으로 이야기하는 것인지 모르겠습니다. 지금은 제도가 아니라 근본을 논의해야 할 때라고 생각합니다. 그렇다면 이런 이야기를 하는 게 옳겠지요. 즉, 지금과 같은 학교가 정말로 지금 필요한 것인지에 대해서 말입니다.

과연 학교가 필요할까요? 요즘 같은 때에 지식을 습득하는 수단은 학교를 통하지 않는 것이 더 빠를지도 모릅니다. 학교는 오히려 사람과 사람, 사람과 자연의 관계를 이해하고 실천하는 그런 기관이 되어야 할 것이고, 지식이라는 것은 조금만 가르치면 되는 것입니다. 그러니까 근본적으로 모든 것을 다시 생각해야 되는 것입니다.

국민국가가 생겨나면서부터 필요하게 되었던 이러한 교육

들, 소위 국민교육이 지금도 유효한지를 생각해야 합니다. 국민국가는 앞으로도 상당히 오래갈 것이라고 저는 보고 있지만, 과거에 국민국가가 요구하는 인간상을 육성하기 위해서 했던 교육, 이것은 빨리 벗어나야 된다고 생각합니다. 왜냐하면 조건과 상황이 크게 바뀌었기 때문입니다. 국민국가의 인간상을 만드는 교육은 산업사회, 즉 제2의 물결 때 요구되었던 교육입니다. 그런데 지금은 이미 제3의 물결을 지나곧 제4의 물결이 다가오는 시대이므로 거기에 맞는 교육을하려면 개벽을 해야 한다는 이야기입니다.

교육내용을 바꿔야 한다
– 독자적, 사회적, 우주적 존재교육

그러면 교육개벽은 어떤 관점을 가지고 이루어져야 할까요. 그것은 그다지 복잡한 것은 아니라고 봅니다. 제가 늘이야기하는 것이지만, 인간이 무엇인지를 생각해야 해야 합니다. 인간이 무엇인가? 인간은 세 측면이 통합된 고등생물입니다. 세 측면이라는 것은 첫째가 독자적 존재이고, 두 번째가 사회적 존재, 세 번째가 우주적 존재인데 인간은 이 세 가지가 통합된 생명이라는 말입니다.

석가모니가 '천상천하유아독존'이라고 말했듯이 인간은 독자적 존재라고 할 수 있습니다. 그래서 우선 독자적 존재로서의 인간을 키우기 위해서는 혼자서도 일해서 먹고 살 줄 알게 키우고, 혼자 있을 때도 깊이 있게 사고하고 아름답게 표현할 수 있는 능력을 가르쳐야 합니다. 이것이 교육의 핵심이 되어야 합니다.

그리고 두 번째로, 우리가 가르쳐야 할 중요한 것이 경쟁과 협동입니다. 그를 위해서 제일 중요한 것은 인간과 인간 사이의 올바른 관계를 인식하는 일입니다. 올바른 관계를 인식해야 무슨 소통이 되거나 무엇인가가 되는 것이지요. 그런데 가장 기본적인 이야기를 하지 않고 소통을 방법론으로 처리해 버립니다.

세 번째로, 인간은 우주적 존재입니다. 우주적 존재라는 것은 어렵게 생각할 필요가 없습니다. 우주 없이 인간은 존재하지 않는 것입니다. 즉 쉽게 생각해 보면 지구 생명, 나무가 있어야 인간이 있고 바다가 있어야 인간이 있습니다. 다시 말해 인간은 우주의 표현이며, 또한 모든 생명은 우주의 표현인 것입니다.

이와 같은 내용으로 교육을 바꾸는 것, 이런 걸 합쳐서 하는 교육을 교육개벽이라고 말할 수 있습니다. 그리고 그 방법은 지식과 노동과 예술이 통합된 방식일 것입니다. 노동에는 체육까지 포함되는 것입니다. 그런 측면에서 살펴보면 현재의 교육이 어떻게 바뀌어야 할지가 나올 수 있습니다. 그런데 제가 보기에는 전 세계의 교육 논의가 그렇게 전개되지 못하고, 전부 방법론만을 이야기하고 있습니다.

그래서 저는 교육개벽이라는 용어를 쓰는 것입니다. 이렇게 지구 생명이 임계점을 넘어선 판국에 교육을 개벽하지 않으면 어떻게 새로운 인간형이 나오겠느냐 하는 생각에서 입니다. 그래서 저는 몇몇 전문가들이 교육개혁에 관해서 이야기하는 것에 대해서 답답함을 느끼고 있습니다. 솔직히 말해 "그런 얘기를 무엇 때문에 하는 것인가"라고까지 생각합니다. 그것은 이 틀을 넘어서야 해법이 나오는 데, 이 틀 안에서 변화를 만들어 내겠다는 것이기 때문에 안타까운 것입니다.

그러면 이와 같은 개벽을 하기 위한 주체에 대해서 생각해봅시다. 저는 그것은 어차피 깨어 일어난 사람들이 해야 된다고 봅니다. 특히 저는 종교가 자기탈바꿈을 하거나 아니면 새로운 고등종교가 나와야 된다고 생각하고 있습니다. 과연 현 단계의 인류나 인류의 생존양식을 해결할 수 있는 종교가 있겠는가? 하는 생각을 해봅니다. 그 물음에 대해서는 저는 부정적으로 답할 수밖에 없습니다. 돈과 체제 속에 갇혀 있는 다른 말로 이야기하면, 제도 종교 속에서, 제도 교회, 제도

사찰, 이런 데에서는 그런 개벽의 힘이 나올 수가 없습니다. 그래서 저는 새로운 고등종교가 앞에서 이야기한 주체 형성의 중요한 동력으로 등장할 것이라고 보는 것입니다.

그 다음으로 종교는 아니지만 우리 같은 사람들, 서양에서 본다면 심층생태학이라든지 또는 많은 생명담론 또는 생태담론 이런 데서 그런 이야기가 어차피 나오게 되어 있습니다. 그렇게 해서 개벽의 주체는 형성되지 않을까 그렇게 보고 있습니다. 그리고 지금 형성할 수 있다고 생각하고 있습니다.

말을 약간 다른 방향으로 돌려보면, 지금 우리나라에서는 녹색당이 실제로 이 일을 해야 합니다. 지금 식으로 움직이는 것은 제가 보기에는 그저 흉내를 내는 것에 불과합니다. 독일 녹색당이 이미 몇 년 전에 서양의 녹색당 이론으로는 한계가 있다고 이야기했습니다. 그런데 우리가 지금 여기서 그 흉내를 내면 어떡합니까. 오히려 여기에서 진짜 서양까지도 구원할 수 있는 그런 근본적 큰 담론이 나와야 되는 것 아닐까요?

지금 녹색당은 구체적으로 세상을 바꾸기 위한 개벽담론을 갖고 나와야 한다고 봅니다. 몇 가지 구체적으로 실천하고 하는 것은 현장 단위에서 하면 됩니다. 그리고 담론 자체는 앞에서 이야기한 것 중에서 기존의 고등종교의 생명 관련 가르침과 우리의 후천개벽 담론들을 탁월하게 넘어서야 합니다. 우리 후천개벽 담론들은 뛰어납니다. 동학을 보십시오. 삼경사상에서는 경천(敬天), 경인(敬人)과 함께 경물(敬物)까지 설파하고 있지 않습니까?

완전히 막다른 골목에 있을 때는 새로운 사고를 하지 않으면 문제는 해결되지 않습니다. 꿈은 크게 갖고 계획은 장대하고 실천은 아주 구체적으로 해야 합니다. 이게 통합이 되어야 하는데 그게 그렇지 않기 때문에 안 되는 것입니다.

예를 들어 제일 쉽게 주변의 일부터 생각해 봅시다. 입시 위주의 교육을 거부한다고 하면, 우선 자기 자식부터 "너 하고 싶은 걸 해라" 이래야 됩니다. 그리고 학원 같은데 안 보내면 됩니다. 그러니까 교육제도를 완전히 뒤집어엎지는 못해도 우리 애가 올바른 인간으로, 인간다운 인간으로 살 수 있게 가르치는 것은 집에서도 충분히 할 수 있다고 봅니다. 학교는 친구와 어울려야 하니까 가기는 가야 하는 것이고, 공부하는 방법은 부모가 가르치고 도와 줄 수 있을 것입니다. 그런데 그러기 위해서는 부부싸움부터 해야겠지요. 교육개벽의 내용은 원론적인 것이지만 실천은 구체적인 것에서부터 출발하는 것입니다.

철학적 바탕이나 계획 자체는 완전히 천지개벽하는 것으로 세워 놓고, 그것을 달성하는 것은 천지개벽적 방법과 현실적 방법이 같이 가지 않으면 실패하고 맙니다. 그저 이상주의자로 끝나는 것이지요. 추상이란 보이지 않는 것을 보는 걸 말합니다. 그러니까 추상과 구상이 합쳐져야 제대로 보이는 것입니다. 교육도 그렇게 되어야 한다는 것입니다.

4장

우리의 길을 새롭게 찾자

우리 사회에 대한 진단

어떤 한 사회를 종합적으로 인식한다는 것은 상당히 힘든 일입니다. 그렇지만 현상과 본질을 제대로 인식했을 때, 비로소 우리는 애써서 "무엇인가를 하자!"고 하는 목표의식도 생기고 길도 보이고 그런 것이지요.

한 사회를 보는 방법 가운데 하나로 역사적인 관점으로 보는 게 있어요. 역사적으로 이렇게 되었는데 지금이 이런 상황과 어느 단계인 것 같다, 그러므로 이것을 잘 극복하면 뭐가 잘 될 것이라든지 하는 식으로 사회를 보는 것입니다.

다른 방법으로는, 어찌 보면 문명적인 관점이라 할까 그런 식으로 보는 방법이 있고 또 정신사적으로도 보기도 합니다. 그리고 인간의 구체적인 삶 자체를 보는 것도 방법의 하나라고 할 수 있습니다. 따라서 우리 사회를 분석할 때 이렇게 여러 가지 방식으로 따져 보면서 조금이라도 더 제대로 보려고 노력하는 것이 중요합니다.

역사적으로는 쉽게 이렇게 봐도 될 수 있지 않을까 생각합니다. 한 사회가 줄기치게 자기 쇄신을 하면서, 늘 새로운 동력을 가지고 발전해 온 사회는 인류 역사에서 없었습니다. 보통은 잘 나가다가 정체하거나, 어떤 때에는 후퇴하다가 아주 없어진 사회도 있거든요.

우리 사회를 크게 보면 이렇게 보아도 될 것 같습니다. 1945년에 해방과 함께 분단 그리고 전쟁을 치르고 나서부터 본격적으로, 특히 60년대 중후반부터는, 그러니까 엄청난 희생과 혼란을 겪고 나서 약 20년쯤 지나서 "이제는 뭘 좀 하자, 이래서는 도저히 안 되겠다. 가난도 지독하고 우리 정치체제도 엉망이니까 제대로 좀 하자"고 하는 그런 소망이라든지 열망 같은 것이 많이 생겨나게 되었지요. 그것이 분출된 것이 제가 보기에는 '잘 살아보세, 조국근대화' 이런 것이었습니다. 본격적으로 시작된 것이 60년대 후반부터고 그걸 조직한 것이 박정희정부란 말입니다. 저는 조국근대화, 즉 "밥 좀 제대로 먹어 보자"고 했던 것은 그 당시 70~80%의 사람들의 열망이었다고 봅니다. 진짜 열심히 일했거든요.

또 하나는 민주화에 대한 열망이었습니다. 우리나라의 민주화의 뿌리는 사실 깊고 단단하다고 할 수 있습니다. 1960년 이승만 독재를 내몰고, 그 이후 줄기차게 박정희 개발독재와 싸운 것을 보면 역시 알 수 있는 것이지요. 그 바탕에 있는 것이 무엇인지를 제대로 보는 것이 매우 중요합니다. 우리는 제헌헌법을 만들 때부터 새로운 사회에 대한 열망이 상당히 컸습니다. 그런데 그게 분단이라든지 여러 가지 조건 때문에 탄압받고 좌절되고 그랬지만 그 흐름은 줄기차게 존재했었지요.

그래서 나는 그 두 가지가 같이 갔다고 보는 입장입니다. "잘 살아보세!" 이것은 드러난 열망이었습니다. 잘 살아보자고 열심히 애쓰는데 누가 붙들어 갈 사람도 없잖아요. 반면, "하여튼 말 좀 제대로 할 수 있는 좋은 나라를 만들자" 이런 것은 용감한 사람은 드러냈고 그렇지 않은 사람은 드러내지 못했던 열망이었습니다. 저는 그것이 산업화와 민주화라고 생각해요. 앞에서 말한 것처럼 70~80% 이상의 많은 사람들이 "잘 살아보세"라는 구호에 호응했던 것만큼은 아니지만, 민주화에 대한 즉 '말 좀 제대로 하고 살자'는 것에 대해서도 대단한 열망을 가지고 있었다고 보는 것이지요.

이러한 열망이 60년대 말부터 거대한 동력이 되어 분출되면서 하나의 흐름으로 나아갔던 것입니다. 그리고 그게 최고봉에 도달한 것이 87년 6월민주항쟁이라고 생각됩니다.

90년대 초 남북기본합의서나 한반도비핵화공동선언이 발표된 것도 대략 30여 년에 걸친 줄기찬 노력이 최고봉에 도달한 시점이었다고 볼 수 있지요. 물론 냉전이 해체되고 사회주의가 무너진 세계 정세의 변화도 중요한 변수가 되었던 것도 사실입니다.

이와 같이 80년대 후반 이후에는 여러 가지 노력이 구체적인 성과로 나타나게 되어 상당히 앞으로 나아갈 수 있었던 것이죠. 그런 큰 역사적인 흐름을 잘 보는 것이 중요하다고 생각합니다. 무엇인가 하면 그 단계 그 단계에서 해결해야 될 과제가 있었다는 것이지요. 그것을 해결하면 사회가 줄기차게 쇄신이 되면서 발전의 길로 가지만, 그걸 못하면 좌절하거나 정체하거나 또는 퇴행하거나 이렇게 되는 것입니다.

90년대에는 자본의 세계화가 이루어지면서 본격적인 세계 단일 시장 시대로 진입하였다고 할 수 있습니다. 우리는 바로 이 시점에서 정치적 민주화와 동시에 경제사회 민주화, 즉 핵심적으로 재벌개혁을 했어야 했습니다. 제가 보기에는 문민정부의 역사적 역할은 그것이었습니다. 그런데 금융실명제 정도로 끝나고 재벌개혁은 하지 못했던 것입니다. 그때 그걸 못해서 찾아온 것이 IMF체제였고, IMF 직할통치에 의해 여러 가지 개혁을 강제로 당하게 되었습니다. 그런데 그것은 세계금융자본의 요구에 의한 강제개혁이기 때문에 우리 자신에게 맞는 개혁은 아니라고 보아야 합니다. 이렇게 60년대 중후반부터 한 30년간 줄기차게 분출했던 우리의 노력은 한풀 꺾였다고 생각됩니다.

그런 상황 속에서 한 번 꺾였지만 그것에 다시 불을 붙여가

지고 사회개혁을 하고 남북관계를 개선하고, 경제개혁, 정치
개혁, 이렇게 종합적으로 해야 될 역할을 맡은 게 김대중정부
였습니다. 그런데 김대중정부는 남북관계에 주력하고 나머지
는 미흡했어요. 이를테면 역사의 기가 꺾인 게 서서히 드러나
게 된 것이지요. 정권담당자들이나 지지했던 사람들은 이런
지적을 기분 나빠 하겠지만 객관적으로 보자는 이야기입니
다. 상당히 기가 꺾였어요. 특정한 정권의 공과를 이야기하자
는 것이 아니라 크게 보자는 것입니다.

경제사회 개혁, 그것을 우리는 내용적 민주화라고 합니다.
경제사회 민주화, 정치적 민주화, 자본의 세계화는 내부를
개혁해야 그것에 대한 대응력이 생기는 것인데, 내부개혁을
덜 하고 거기에 편입되니까 막 휘둘리게 되었단 말이지요.
그렇지만 그래도 민족문제 남북문제를 해결하려고 했던 점에
대해서는 김대중정부, 노무현정부 다 점수를 주어야 하는데,
아예 이것저것 다 못한 것이 이명박정부라고 할 수 있습니다.

우리 사회가 이런 상황에 있음을 이번 정부는 직시해야 합
니다. 지금까지의 흐름 속에서 너무 많이 분열되었기 때문에
그야말로 대통합이 가장 중요한 과제입니다. 대통합을 하려
면 경제·사회·정치, 이 세 가지 개혁이 되어야 합니다. 개
혁과 함께 새롭게 목표를 설정하고, 우리의 좌표를 인식하고

나아가야 될 시점인데 실제로는 그게 잘 안 되고 있어요. 그러니까 제가 보기에 역사적 지체와 사회적 정체가 되고 있는 것이 거의 20년, 줄잡아 15년쯤 된다고 생각돼요. 이렇게 지체와 정체가 되다 보니 쇠퇴기의 증상이 나타나고 있는 것이 요즘입니다.

우리의 정체성은 무엇인가

그러면 좀 더 구체적으로 하나씩 살펴보기로 하지요. 그동안 우리가 대략 30년 정도 이루어 온 것이 무엇입니까? 그걸 좀 자세히 봐야 된다고 봐요. 하여튼 국민의 동력이 분출한 것만은 사실입니다. 쉬운 말로 하면 '따라잡기' 국민총동원 전략으로 움직였던 것이지요. 예를 들어 조국근대화라는 것도 따지고 보면, "우리가 5개년 계획 이런 것을 잘 해가지고 일본을 따라잡자!"는 것이었고, "일본은 잘 살고 있지 않느냐, 그러니까 따라잡자!" 이런 식이었습니다. 마찬가지로 민주화 운동도 앞서 가는 서구민주주의를 따라잡자는 것이었습니다.

거기에서 본질적인 문제가 생겨났습니다. 자기의 정체성이 있으면서 따라잡기를 하는 것은 아주 좋은 것이라고 봐요. 하지만 자기의 정체성이 허약하거나 그걸 우습게보면서 따라잡기를 하면 잘해야 2등은 되지만, 진짜 자기의 삶의 방식 또는 자기 공동체 전체의 존재양식 그런 것은 잘 못 만드는 것이거든요. 그러니까 정신사적으로는 조금 과격하게 말하면 파탄이 나게 되는 것입니다. 저는 파탄이라고까지는 보지 않지만 그게 문제가 된 것이 최근 15~20년 사이의 우리의 현실입니다.

특히 세계화가 되면 될수록 그 문제는 더욱 표면화되게 됩니다. 제가 자주 하는 말 가운데 '한국인 세계시민'이라는 것이 있습니다. 세계화 시대에는 모든 정치, 사회, 문화, 교육 이런 것이 한국인 세계시민이 되어야 대응할 수 있습니다. 그런데, 지금 한국인의 정체성을 이야기하는 것은 별로 없어요. 그냥 글로벌 이야기만 하지 한국인 세계시민 이야기도 별로 없어요. 그래서 세계관과 가치관의 상당한 혼돈과 퇴행 속에서 이른바 '따라잡기'의 약효가 거의 끝나가니까 우왕좌왕 하는 상황입니다. 목표도 별로 시야에 들어오지 않고 그러다 보니 상당히 혼돈상태에 들어갔던 것입니다.

과거에는 잘 살아보자는 목표가 있었어요. 또 어떤 때는 '하여튼 민족대단결을 해서 평화와 통일로 가자!'고 하는 목표가 있었습니다. 그런데 목표가 없다면 어떻게 되겠습니까? 목표가 없을 때는 어떤 집단이나 개인이나 헤매게 됩니다.

다시 말해 목표가 없거나, 차원이 낮은 목표만 있을 때는 자기를 끊임없이 쇄신하고 고양하면서 움직일 일이 필요 없게 되는 것입니다. 그렇게 되면 사람이 각자 구명도생(苟命徒生 : 구차스럽게 겨우 목숨만 이어 나감)하게 됩니다. 자기만 잘 살면 된다는 식이지요. 그래서 조직도 집단 이기주의로 바뀌고 개인도 가족 이기주의로 바뀌는 것입니다.

가족 이기주의를 가장 단적인 나타내고 있는 것이 무엇일까요? 우리나라의 교육을 보면 누구나 다 알 수 있는 것인데, 저는 그걸 가족 이기주의의 전형이라고 봅니다. '너만은 어떻게든 1등을 해야 한다'는 것이 그것이지요. 그래서 우리나라처럼 해외연수를 많이 보내는 나라는 거의 없습니다. 그리고 요즘에는 중국으로도 유학을 많이 보내지만, 미국과 중국에 우리나라 유학생이 인구 비례로 보면 세계에서 가장 많이 가 있습니다. 교육열과 가족 이기주의 때문에 생겨난 것이라고 생각합니다. 비뚤어진 교육열과 가족 이기주의가 딱 결합한 것이지요.

그리고 각종 집단 이기주의의 문제가 심각합니다. 특히 노동조합 같은 것은 우리 사회가 발전해 나가는데 정말 중요합니다. 그런데 그게 집단 이기주의로 변질이 되어 간다는 것이지요. 자본만 그런 것이 아니고 다 그렇게 바뀌고 있는 것입니다.

그래서 이 정신사적인 퇴행, 이런 것을 제대로 보고 그것을 해결해 나갈 필요가 있습니다. 그런데 그것을 자기의 시각과 객관적인 시각, 세계의 시각으로 같이 보는 것이 아니고 자꾸만 따로따로 보고 있어요. 그것은 우리 사회의 학자들 역시 마찬가지입니다. 답답한 게 자꾸만 외부의 시각으로 봅니다. 진보적인 학자라는 사람들, 남의 생각을 참고하는 건 좋지만, 왜 남의 시각으로 자기문제를 보는지 답답합니다.

복지도 마찬가지입니다. 복지문제는 깊게 의논해야 되는 주요한 의제 가운데 하나입니다. 그래서 복지에 관해서 이야기할 때는 북구형 복지, 독일형 복지 등 여러 가지를 논의해야 할 필요는 있습니다. 그런데 여기에서 한 가지 주의해야 할 점이 있습니다. 무슨 말인가 하면, 예를 들어 그런 내용을 잘 모르는 사람은 주눅이 들 수도 있는 것이지요. 그러니까 잘 모르는 사람도 충분히 이해하고 이야기할 수 있는 자기의 눈들이 있어야 한단 말입니다.

복지국가는 더 깊은 논의가 되어야 한다고 생각합니다. 그리고 스웨덴형이니 독일형이니 하는 것을 부정하는 것이 아니라 배워야 합니다. 배우긴 배워야 하는데, 문제는 진짜 전문가들만이 알 수 있는 어려운 이야기들을 하고 있다는 것입니다.

그렇다면 복지에 대해서 한 번 생각을 해보기로 하지요. 일반적으로 보편적 복지냐, 선별적 복지냐 하고 이야기합니다. 그런데 복지란 것은 아주 쉽게 이야기하면, 아무래도 자기 힘으로 안 되기 때문에 남이 보살펴 주어야 되는 조건이 발생했기 때문에 복지라는 것이 나오는 것이지요. 여기에서 남이라고 하는 것은 가족이나 마을, 또는 기초자치단체라든지 국가라든지 하는 것을 말하는 것입니다. 그렇다면 좀 더 원천적으로 생각해 보면, 그런 조건이 발생하지 않도록 하는 것이 사실은 제일 좋은 복지일 것입니다.

　그런데 인간사회가 그렇질 못합니다. 태생적으로 어떻게 할 수 없는 장애를 갖고 있다든지, 사회가 불평등해서 아무리 노력을 해도 생활을 영위하지 못한다든지 하는 일들이 있을 수 있습니다. 그렇기 때문에 함께 생각을 해 보자는 것입니다. 자, 그러면 제일 좋은 복지는 무엇일까요? 어쩔 수 없이 공동체가 껴안는 것 말고는, 자기가 할 수 있도록 그 조건을 만드는 것이 최고라고 봅니다. 저는 그걸 적극적으로 생각해야 된다고 생각합니다. 그렇지 않고 자꾸만 그냥 해주려고 하면 안 돼요. 제일 좋은 것은 가족이 하는 게 좋습니다. 자기 어머니를 아무리 좋은 시설, 좋은 요양원에 모셔도 그건 관리의 대상이 될 뿐이지요. 그건 바람직한 방법은 아닐 것입니다. 그러므로 제일 좋은 것은 가족단위에서 하는 것이 제일 좋겠지요. 물론 가족들의 상황은 모두 다를 것이기 때문에 일률적으로 말할 수는 없습니다. 그러니 이 이야기를 좀 더 깊이 파고들면, 핵가족보다는 대가족이 좋다는 이야기로 이어집니다.

그 다음으로 좋은 것은 직장과 마을에서 하는 것입니다. 이것을 복지주의자들은 이렇게 이야기하곤 합니다. "그건 자본과 노동에 떠넘기고 국가가 그런 일을 안 하려고 하는 것 아니냐"라고 말입니다. 하지만 저는 그렇게 이야기하면 안 된다고 봅니다. 자유로운 생활의 주인들이 서로 이웃해서 사는 지역공동체가 사실은 복지와 민주의 바탕입니다. 이렇게 하나하나 따져 들어가 보고, 그래도 안 되는 것이 있으면 그건 국가가 해야 하는 것입니다. 그러니까 국가는 큰 방향과 내용을 정해 주고, 또 전체의 틀을 짜고 그런 역할을 해야 합니다. 국가가 모든 것을 다 한다는 것은 무엇을 의미하는 것일까요? 그걸 역으로 또는 더 심각하게 이야기하면 복지파쇼도 가능할 수 있다고 저는 보는 것입니다. 그러니까 깊이 생각해 보자는 이야기를 제가 하는 것입니다. 외국 것을 갖다가 바로 대입해서 그냥 하고 그래서는 문제가 있다고 보는 것이지요.

그래서 '한국인의 얼을 가진 세계시민', 이것이 중요하다 이겁니다. 언제나 자기정체성과 세계보편성이 통합되는 이런 사람이 되어야 합니다. 그리고 또 그런 체제로 가고 그래야 하는 것이지요. 자꾸만 하나만 강조하는 것, 예를 들어 한국 인만 강조하는 국수주의 내지 폐쇄주의로 가면 안 되는 것입니다. 우리에게는 이미 그렇게 가다 망한 기억이 있음을 잊어서는 안 됩니다. 그러다가 결국 일본한테 먹혔던 것이었지요. 그렇다고 자기는 우습게 여겨놓고 여러 가지를 하자고 하다가 결국 잘못된 세계화의 결과를 목격하게 된 것이 최근의 우리 모습입니다.

우리 사회 어디로 가야 하나

그러면 현 단계의 한국사회를 생각해 봅시다. 저는 현재 부정적인 것이 더 많다고 생각합니다. 왜냐하면 우리가 극복해야 할 것을 여러 가지 이유로 극복하지 못하고, 유예했거나 지체했거나 아니면 경시했거나 무시했던 것들이 대략 수십 년간 쌓여 왔기 때문입니다. 그렇다고 해서 그 이전에는 전부 잘했던 것은 아닙니다. 그러나 과거에는 우리 사회를 바꾸고 발전시켜 왔던 큰 흐름이 있었던 것 또한 사실입니다.

그러면 이걸 한 번 정리해 보기로 하지요. 이승만정부를 제일 적극적으로 해석하는 사람들이 건국대통령이란 말을 하고 있습니다. 그들은 분단 상태 속에서도 굳건한 한미동맹을 통해 60년대, 70년대의 급격한 경제성장, 민주주의를 할 수 있는 토대를 만들었다고 이야기를 합니다. 그 반대로 이야기 하는 사람들은 이승만 대통령은 권력의 화신이며 친미주의자이지 그런 것은 아니라고 주장합니다. 양쪽 다 맞는 이야기를 하고 있다고 생각할 수 있습니다. 다시 말해 한 면만을 강조해서 이야기하면 그렇게 이야기할 수 있는 것입니다.

그렇지만 그것만을 이야기해서는 해결이 안 된다고 봅니다. 제가 보기에는 대한민국이라는 나라를 봐야 한다고 합니다. 거기서 건국이야기가 되는 것입니다. 1948년 8월 15일은 정부수립을 한 날입니다. 나라는 이미 상해임시정부의 법통을 이어받았던 것입니다. 즉 대한민국이라는 나라는 이미 혁혁한 항일독립운동의 정통성을 이어받은 대한민국이 존재했던 것입니다. 다시 말하면, 한반도 전체를 대표하는 대한민국이 있는데 불행하게도 외세에 의해서 남북이 갈려져 가지고 정부만 그날 발족한 것이란 말입니다.

그래서 저는 그걸 분명히 해야 한다고 생각합니다. 우리 대한민국의 법통은 항일독립운동을 토대로 해서 정치적으로는 그야말로 민주공화국을 만들려고 했었고, 경제사회적으로는 상당한 평등국가를 그리고 문화를 강조한 나라를 만들려고 했던 것입니다. 이러한 사항들은 이미 항일독립운동 당시에 다 합의가 된 것이지요. 그걸 이어받아서 만든 우리 제헌헌법은 엄청나게 진보적이어서 지금보다 앞서가는 이야기를 하고 그랬습니다. 하지만 그걸 수행하는데 있어서 우리 정부가 현실적 제약조건 때문에 그것을 제대로 했느냐를 따져야 한다고 생각됩니다. 그런데 그런 흐름들을 미리 이야기하지 않고 그냥 서로 자기 입장만을 주장하면 문제라는 것입니다.

역사의 맥락을 잡자

그래서 우리가 크게 이렇게 한 번 정리를 하면 어떨까 합니다. 아직도 우리가 남북으로 갈라져 있다는 것은 스스로의 힘으로 해방을 못해서 그렇게 된 것이라고 통일 이야기를 할 때 이미 말했습니다. 남북이 분단된 상태라는 것은 세계적으로는 제국주의의 유산이 아직도 잔존한다는 뜻이며, 민족적으로는 우리 힘으로 그것을 극복하지 못하고 분단된 것이므로, 식민지는 아니지만 외국의 강력한 영향력에서 자유롭지 않은 상태입니다. 그러므로 남북 양쪽의 건전한 정치세력은 그것을 극복하는 것을 중요한 과제로 수행해야 하는 것입니다.

여기에서 저는 제국주의라는 말은 사용하지 않았습니다. 제국주의의 유산인 외국의 강력한 영향력이라고 표현했습니다. 그건 중요한 이야기입니다. 지금 우리는 제국주의의 영향력 하에 있다고 이야기하는 사람들도 있지만, 저는 그렇지 않다고 봅니다. 대한민국은 그렇게 호락호락한 나라가 아닙니다. 문화의 힘이나 경제의 힘이나 군사의 힘이 제국주의의 지배력 밑에 놓일 정도는 아니란 말이지요. 그래서 외국의 영향력이 강하다고 말하는 것입니다. 그것을 그냥 제국주의라고 표현하는 것은 잘못이라고 생각합니다.

북측도 마찬가지입니다. 따라서 북측이 말을 잘못하는 것, 예를 들어 미제와 괴뢰라고 하는 표현은 현실 인식을 잘못한 것이라고 봐야 하겠지요. 자기정통성을 주장하느라고 하는 것이지만 그것은 잘못이라고 생각합니다.

또 한 가지는 우리가 2차 대전 전후체제에 아직도 머물러 있는 것입니다. 따라서 샌프란시스코체제로 일본만 2차 대전이 종결된 것이지, 우리는 아직도 그 굴레에서 해방되지 못한 것입니다. 그래서 독도 문제, 배상금 문제 같은 제국주의 문제, 식민지 문제, 2차 대전 종결 문제 이런 것이 다 엮어 있는 것이기 때문에, 역사적으로 그것을 민족적으로, 국제적으로 극복하고자 하는 작업이 역대 정부의 중요한 과제인 것이지요. 학계에서도 이런 문제를 명쾌하게 정리를 해야 합니다.

좀 장황한 설명이 되었지만, 몇몇 사람들을 제외하고는 이런 문제를 별로 이야기하지 않습니다. 제국주의, 식민지, 2차 대전 종결문제에 대해서는 이야기를 안 하지요. 그런 문제들은 마치 다 해결된 것처럼 생각하고 이야기하곤 합니다. 그래서 일본 아베 총리의 극우 보수적인 언행 문제와 같은 것도 종합적인 시각으로 바라보지 못하고 이야기들이 분산되어 버리고 있는 것이지요. 예를 들어 일본군 강제위안부 문제만 가지고 이야기를 하고 그럽니다. 그런데 정치는 그렇게 하면 안 됩니다. 전체와 부분이 같이 있는 것이기 때문에, 언제나 이런 이야기를 할 때는 역사적 인식을 포함해서 전체를 보는 관점이 있어야 합니다.

지난 과거를 이야기하는 것은 미래 전망을 갖기 위한 것입니다. 그래서 과거를 이야기하는 것이 필요합니다. 그 바탕 위에서 목표를 합의하고 그러는 것이지요. 그런 점에서 예를 들어 7 · 4남북공동성명 같은 경우는 그런 이야기를 사석에서 깊이 했는지는 모르지만, "자주적으로 하자, 평화적으로 하자, 민족대단결하자"는 합의를 이끌어냈습니다. 이런 3대 정신이 맞는 것이지요. 그런데 10 · 4공동선언에서는 그런 게 별로 없었습니다. 곧바로 실무적으로 협의를 하고 그런 모습

뿐이었습니다. 6·15남북공동선언도 얼핏 보면 그런 것 같아 보이지만 큰 정신이랄까 그런 것이 보이지 않습니다. 그냥 "이렇게 해서 빨리빨리 하자" 이런 식이었습니다. 역사적 인식에 대한 이해, 이런 것이 너무 결여되거나 경시되고 있기 때문에 이 이야기를 하는 것입니다.

지금까지 우리 사회의 목표가 낮아졌거나, 조금 과격하게 표현하면 목표가 없어졌거나 하는 현상에 대해서 이야기를 했습니다. 목표와 방향이 없어지니까 가족 이기주의, 집단 이기주의 문제가 심각해진 것이지요. 현 단계의 한국사회에서는 이것을 상당히 중시해야 된다고 생각합니다. 현재의 모습을 한 번 보도록 합시다. 경제가 예전과는 달리 양적으로 크게 성장을 해 버렸습니다. 약 40년 동안의 짧은 시간에 제1의 물결, 제2의 물결, 제3의 물결이 진행되면서 그냥 압축 성장을 이룩했습니다. 그러다 보니까 경제 규모는 엄청나게 커졌는데 그것을 담아가지고 새롭게 정리해서 앞으로 나아갈 만한 문화적 폭이라고 할까 깊이라고 할까 그런 것이 약합니다. 경제에 비해서 문화, 정신문화 이런 것이 너무 취약한 것이지요. 그리고 그나마 있었던 것이 거의 다 상업화되어 버렸습니다.

대표적으로 이런 용어를 한 번 생각해 봅시다. 올해가 정전

60년입니다. DMZ 60년도 되지요. 그런데 DMZ, 정전 60년 이러면, "아, 우리가 전쟁을 넘어서 평화를, 분단을 넘어서 통일로 가야지!" 이렇게 DMZ를 보는 게 아니고 DMZ를 세계적인 관광상품으로 만들겠다는 것이 목표가 되어 버렸어요. 엊그제 제가 강원도 고성에 DMZ문제 때문에 가 보았습니다. 대개 어떻게 이야기를 하는가 하면, 'DMZ 투어'라는 식으로 말합니다. 그곳은 우리가 순례를 해야 되는 곳이지요. 용어 자체가 달라져야 합니다.

우리가 무엇을 잘못해 우리 스스로의 힘으로 해방을 못했을까요? 물론 객관적으로 여러 가지 어려움들이 있었지요. 그렇지만 반성을 할 때는 그렇게 해야 됩니다. 자기를 많이 되돌아봐야 하는 것이니까요. 우리 힘으로 스스로 해방을 못하고, 남이 남북으로 갈라놓았는데, 또 전쟁까지 해 이 모양이 됐는가 하면서 말입니다. 그러니까 스스로 더 훌륭한 사람이 되어서 어떻게 해야 되겠다는 마음을 먹고 순례를 해야 하는 것이지요. 그렇게 걸어야 합니다. DMZ 투어가 아니지요.

관광상품이라는 말 자체도 잘못 쓰인 것입니다. 그러다 보니까 우리의 중요한 정신문화 등 여러 가지 문화가 거의 다 상품화 되어 버렸습니다. 그러다가 그게 어쩌다 맞아떨어지면 그저 좋아하곤 합니다.

생각하는 국민이어야만 희망이 있다

상업화라는 것을 잘 봐야 합니다. 우리들은 보통 한류의 좋은 점만 자꾸 생각하고 그럽니다. 하지만 그 뒤에 있는 상업화 속에서 사실은 건전한 정신을 갉아먹는 아주 좋지 않은 것이 역시 같이 존재하고 있는 것입니다. 그러니까 그걸 같이 보아야 되는 것이지요. 같이 보았을 때 극복이 될 수 있는데, 하나만 보고 그냥 흥분하는 모습을 보이고 그런단 말이지요. 그래서 지금 한국사회가 문제인 것입니다. 정신과 물질 중에서 물질이 압도하고 있는 현상을 우려하는 것입니다.

지금은 또 무슨 문제가 있는가 하면 정보가 지식과 지혜와 함께 가지 못하는 것 그리고 정보가 지식과 지혜를 압도하고 있는 현상입니다. 그래서 지금 제일 큰 문제가 교육문제라고 생각됩니다. 저는 지식정보사회를 부정하는 것이 아닙니다. 다만 지식정보사회의 중요한 도구, 수단, 바로 거기에 매몰되어 있는 것이 문제란 말이지요. 그런데 우리 교육 현장에서는 그런 것을 깊이 생각하는 사람들을 육성하는 것이 아니라, 그런 기자재를 막 써가지고 오히려 그런 것이 더 촉진이 되는 현상이 나타나고 있습니다.

이것은 정말 오해 없이 들어줘야 합니다. 문화가 다르고 그런 것은 예로부터 다 그랬던 것입니다. 세대 간의 문제도 그렇지요. 문제는 그것에 대해서 생각을 안 하거나 생각을 덜 한다는 것이 제일 심각하다는 것입니다. 저는 바로 그것을 이야기하고 싶습니다. 무슨 말인가 하면, 남이 생각해서 제공한 것을 그냥 따라가는 것에 대한 우려입니다. 제가 보기에 그게 쇠퇴기의 가장 핵심적인 모습이거든요. 그러니까 지금부터라도 정신 바짝 차려 생각하는 사람으로 키워야 합니다. 그건 학생들만이 아니라 어른도 마찬가지입니다.

생각을 깊이 안 하면 그 사회는 반드시 후퇴합니다. 그리고 많이 싸워요. 지금 우리 현상을 보세요. 제일 대표적인 모습이 대통령 선거 때 나타납니다. 생각을 안 하거나 덜 하기 때문에 대통령 선거는 완전히 이미지 선거하고 사탕발림 공약으로 요약됩니다. 이 두 가지가 특징이지요. 이미지 선거라고 해서 온갖 수단이 동원됩니다. 다른 예입니다만 민주당은 지난 번 대선 경선 때도 그랬고 작년에도 그랬지만, 모바일 투표를 생각해 봅시다. 참여민주주의라는 것은 자기 시간과 돈을 내서 직접 가서 해야 됩니다. 어떻게 손가락 한 번 누르는 것을 가지고 참여했다고 그럴 수 있을까요? 그것은 그만큼 이 사회가 생각을 안 한다는 뜻입니다. 다시 강조하지만, 생각을 덜하고 수단이 많이 하는 것, 이것이 바로 민주주의의 위기를 가져오고 있다고 생각합니다.

저는 지금 고등학교 학생들의 정신연령을 1960년 4·19혁명 때의 학생들보다 훨씬 못하다고 봐요. 지식의 양이나 정보의 양 그걸 말하는 게 아닙니다. 그렇다면 이것을 어떻게 할 것인가? 이게 한국사회의 심각한 과제이고 의논해야 할 내용인데 이런 이야기들을 쓱 덮고 그냥 넘어갑니다. 지금 병으로 친다면 한국사회는 상당하게 당뇨가 진행되고 고혈압이 진행되고 있는 상태입니다. 그런데 그냥 몇 가지 영양제나 치료제, 건강요법으로 될 수 있는 것처럼 이야기하고 있는데 그래서는 안 됩니다.

그렇기 때문에 저는 그런 것을 외면하지 말고 제대로 이야기해야 우리 사회가 다시 바른길로 갈 수 있다고 생각하고 있습니다. 우리 사회는 그리고 우리 사회의 구성원들은 문제를 해결해 낼 수 있는 그 무엇인가를 갖고 있습니다. 다시 목표를 설정하고 다시 뛸 수 있다고 생각합니다. 이걸 쓱 덮어놓고 상대방 탓으로 돌리거나, 정권교체만 되면 다 될 것처럼 이야기하고 그러는 것은 옳지 않습니다.

공동체 회복이 필요하다

이 이야기를 하는 것이 한국사회의 진단에서 제일 중요합니다. 그러면 이걸 어떻게 할 것인지에 대해서 생각해 보아야 하겠지요. 그러기 위해서는 가장 심각한 위기가 무엇인지를 지금 대강 이야기 했는데, 한 발 더 나아가 제일 심각한 위기의 현장을 직시해야 됩니다. 우리 사회에서 가장 심각한 위기는 어떻게 나타나고 있을까요? 그것을 저는 '가족의 해체'라고 파악하고 있습니다. 그 원인을 따져 보면 여러 가지가 다 이야기될 것입니다.

지금 1인 가족이 우리 인구 구성의 4분의 1쯤 된다고 합니다. 2인 가족까지 포함하면 거의 50%에 육박합니다. 핵가족에서 초핵가족으로 이동하고 있다는 것은 무엇을 의미하는가 하면, 사회의 기본단위인 가족의 모습이 결정적으로 바뀌고 있다는 뜻입니다. 그것을 단순히 '저출산 고령화'라는 현상으로만 이야기하면 안 되지요. 사회의 기본구성단위인 가족이 지구상에서 제일 빠른 속도로 바뀌고 있는 것입니다. 그것을 어떻게 볼 것인가 하고 물었을 때, 저는 그것을 공동체의 해체 과정으로 봅니다. 그렇다고 해서 이것을 "대가족으로 다시 환원하자!"고 주장하고 싶지는 않습니다. 이런 환원주의로는 문제를 해결할 수 없는 것이니까요. 대신 공동체의 해체과정을 잘 보자는 것이지요. 인간은 모두가 완전한 존재가 아닌 이상 공동체를 이루지 않으면 안 됩니다. 인간 자체가 불완전한 존재이기 때문에 그런 것이지요. 그래서 우리는 건강한 공동체를 어떻게 형성할 것인가 하는 눈으로 문제를 파악하고, 우리 사회를 재구성하는 것을 목표로 다시 설정해야 한단 말입니다.

그런 시각에서 가족은 무엇이고 마을은 무엇이고 학교는 무엇이고 기업은 무엇인지를 이야기해야 합니다. 지금 국가, 시민사회, 시장, 이렇게 분리해서 보는데 그걸 좀 더 세밀하게 보자는 것이지요. 서양에서는 국가, 시민사회, 시장으로 분류해 왔지만, 저는 그것만으로는 보지 않습니다. 네 가지로 봐야 되요. 바탕은 자연이니까 자연, 시장, 국가, 시민사회 이렇게 보아야 그나마 좀 더 보는 것이라고 할 수 있습니다. 어떻게 바탕을 빼놓고 이야기가 될 수 있겠습니까. 그런 과정에서 공동체 해체의 실상을 들여다보고, 어떻게 이것을 건전하게 재구성할 것인지를 생각하는 것이 필요합니다.

그런 점에서 우리가 제일 심각하게 봐야 할 것은 자연과 인간의 공동체가 급속하게 인간의 행위에 의해서 파괴되고 있는 현실입니다. 사실은 이것이 제일 심각한 것입니다. 그래서 이것은 환경운동 차원을 넘어 자연과 인간의 공동체를 어떻게 복원할 것이냐 하는 관점으로 접근해야 되는 것이지요. 즉, 보통 이야기들 하는 것을 보면 '생태공동체'라고 그러는데, 저는 그건 번역이 잘못된 것이라고 생각합니다. 정말 합당한 낱말이 있을 터인데, 자주 일본인들이 번역한 말을 쉽게 차용하는 게으름이 있는 것 같습니다. 어쨌든 자연과 인간의 공동체성, 이것을 바탕에 놓지 않고서는 공동체가 복원될 수 없다는 것입니다.

그 다음으로 시민사회의 공동체성은 무엇에 중점을 두어야 할까요? 저는 시민사회의 공동체성은 다 연결이 되어 있기 때문에 단순하게 이야기할 수 있는 것은 아닙니다만, 우선은 교육에 두어야 한다고 봅니다. 사람은 생각하는 존재이기 때문에 경제협동사업을 하더라도 교육문화사업이 늘 병행되지 않으면 안 됩니다. 시민사회의 공동체성을 회복하는데 제일 중요한 것은 교육과 문화라고 할 수 있습니다.

그러면 국가는 어떻게 공동체성을 회복해야 할까요? 국가는 보는 입장에 따라서 크게 다르겠지요. 국가를 제도화된 폭력으로 보는 눈이 있고, 또 앞으로도 상당히 유지될 공동체로 보는 눈도 있고 그렇습니다. 여기에서 그 논의를 하자는 것은 아닙니다. 다만 국가의 공동체성이 유지되고 향상되도록 해야 된다는 것만은 분명합니다. 그런데 오히려 국가가 공동체를 파괴하는데 앞장선다면 이건 정말 문제가 있는 것이란 말이지요. 그러면 우리의 민주공화국의 내용을 한 번 살펴보기로 하지요. 개발독재, 유신독재, 전두환 군사독재처럼 과거에는 오히려 공동체성을 강압적으로 폭력으로 강제통합 하려고 했었습니다. 민주화 이후로는 민주주의 정신과 공화주의 흐름의 두 가지로 공동체성을 형성하려고 하는 것이 우리의 국가권력의 정당성을 형성하는 바탕이 되었습니다. 그러면 민주주의라는 잣대와 공화주의라 잣대 두 가지를 함께 보아야 하겠지요. 그런데 지금 그 두 가지가 모두 토대가 좀 약한 것이 현실입니다. 민주주의 이야기는 많이 해도 공화주의는 별로 이야기도 하지 않습니다. 그래서 그 두 가지를 깊이 생각해 볼 필요가 있습니다.

다음으로는 기업, 다시 말해 시장입니다. 시장을 이야기할 때 우리는 다음과 같은 것을 우선 명심해야 한다고 봅니다. 시장이야말로 공동체가 없으면 존재할 수 없다는 것입니다. 이것이 제일 중요합니다. 그런데 실제로는 이상한 논쟁들을 하고 있어요, 마치 자본이 자유기 제일 근본인 것처럼 이야기하는데 저는 그렇지 않다고 생각합니다. 공동체가 있기 때문에 그런 게 존재하는 것입니다. 그렇다면 시장에 대한 잣대도 민주주의하고 공화주의가 됩니다. 그런데 시장경제를 좀 규제하려고 하면 막 반대하고 그럽니다. 저는 시장에 대해 민주적 통제를 하고, 공화적 통제를 하고 그러는 것이 필요하다고 생각해요. 자본주의가 제대로 갈 수 있으려면 민주적, 공화적 통제를 해야 된다고 보기 때문에 그런 것이지요. 그 논쟁에서 자유방임 비슷하게 이야기하는 사람들은 이해가 안 가고, 또 민주적 통제를 말하면 빨갱이 비슷하게 모는 것은 우리의 역사적 부끄러움이라고 볼 수 있습니다.

규제를 하지 않고 그냥 놓아두면 어떻게 될까요? 그냥 놓아두면 강자의 자유가 작동하게 됩니다. 강자의 자유는 오히려 자본주의를 유지하지 못하게 하고, 자본주의를 근본적으로 부정하는 결과가 나왔다는 것을 역사적으로 다 보아왔습니다. 따라서 자본주의가 그나마 건전하게 가려면 민주주의와 공화주의로 규제해야 한다고 생각합니다. 대기업이 나쁜 것이 아니고 대기업의 횡포가 나쁜 것일 뿐이지요.

최근 대형유통매장과 관련한 논의들은 우리 민주주의의 수준을 보는 척도라고도 생각합니다. 예를 들어 대형유통매장을 기껏해야 2주에 한 번 일요일에 쉬게 하는 것, 저는 그 정도밖에 하지 못하는 걸 이상하게 생각합니다. 더 적극적으로 규제할 필요도 있다고 봅니다. 물론 규제만 한다고 모든 것이 잘되는 것은 아니겠지만 말입니다. 다시 말해 앞에서 대기업의 횡포를 싫어한다고 그랬지 대기업 자체를 싫어한다는 것은 아닙니다. 대기업은 더 좋은 것을 더 효율적으로 생산하면 되는 것이니까요. 개인기업, 영세기업, 소기업, 중기업, 중견기업, 대기업 이 여섯 개가 어떻게 상호관계를 맺으면서 가야 되느냐에 대해서 상당히 깊이, 정말 깊이 있게 이야기가 되어야 합니다. 누구처럼 대기업만 규제하면 다 되는 것처럼 봐서는 안 되는 것이지요. 뭐 그렇다고 중소기업이 그렇게 우리 공동체성을 강하게 만들어 주고 그런 것만은 아닙니다. 상당수 중소기업은 착취당하면서 착취하는 양면성을 갖고 있습니다. 그래서 그런 기본적인 것을 좀 솔직하게 이야기하자는 것입니다.

5장

교육개벽 없이 미래는 없다

교육문제의 책임은 누구에게 있는가

이번에는 한국사회의 교육문제에 대해서 이야기해 보고자 합니다. 어떤 내용의 교육을 어떻게 해야 우리 한국사회가 바람직한 사회가 될 수 있겠는지 생각해 봅시다.

일단 전반적인 이야기를 먼저 해야 될 것 같습니다. 대한민국이 민주화와 산업화를 동시 성취한 데는 교육의 힘이 밑바탕이 되었다고 하는 것은 그 누구도 부정하지 못할 것입니다. 해방 직후에는 문맹률이 상당히 높았거든요. 그런데 부모님들이 정말로 엄청나게 공부를 시켜가지고 문자해독률이 아주 높은 사회가 되었습니다.

60년대부터 80년대까지 한국사회의 발전에서 교육의 역할은 대단한 것이었습니다. 민주화 역시 교육의 힘이 결정적인 요인 가운데 하나로 작용했다고 생각합니다. 그러니까 국가가 주도한 산업화라든지 또는 대학생, 재야가 주도한, 좀 더 정확하게 이야기하면 주도라기보다는 앞장섰던 민주화에 교육의 힘이 밑받침이 된 것은 분명하니까 다시 강조할 필요는 없을 것입니다.

그러니 이세 교육이 결정적으로 바뀌지 않으면, 우리 공동체 구성원의 행복의 문제 그리고 더 나아가 전체 공동체의 앞날에 결정적인 걸림돌로 작용하게 될 것입니다.

여러 가지 복합적인 요소가 작용해서 그렇지만 우리 사회는 자살률 세계 1위, 이혼율 세계 2위, 청소년 자살률 세계 1위, 노인 자살률 세계 1위라고 하는 이야기들이 여기저기서 들려오고 있습니다. 이는 전부 경쟁사회의 문제 때문에 나타나는 현상이라고 하면서 경쟁의 문제점을 상당히 강조하고 그러지만 그것은 일반론에 불과합니다. 저는 교육이 제일 결정적인 역할을 한다고 봅니다. 그래서 그런 문제의식을 가지고 교육을 전면적으로 뜯어고치지 않으면 안 되는 상황이 바로 지금이라고 생각하는 것입니다. 그만큼 절박한 문제로 다가오고 있다는 것이지요.

그런데 지금 교육에 대한 논의는 거의가 사교육을 어떻게 줄일 것인가 그리고 입시제도 개선 이야기로만 집중되고 있습니다. 간헐적으로 국사 교육의 중요성이라든지 하는 것을 이야기하고 있는 식이지요. 이렇게 되면 전부 땜질식 처방이 될 수밖에 없습니다. 아주 소박한 상식으로 말하면, 대학입시제도에서 신입생을 선발하는 방법이 천팔백 개가 넘네, 삼천 몇백 개가 넘네 하는 것 자체가 과연 이 사회가 얼마나 엉터리인지를 그냥 그대로 보여주고 있는 것입니다. 따라서 방법 몇 가지 바꿔 가지고 문제가 제대로 해결될 리도 없는 것입니다.

다시 한 번 강조하지만, 지금 교육문제는 교육전문가들이 해결하겠다고 달려드는 것 자체가 교육을 점점 더 망치고 있다고 봐도 무방합니다. 그리고 지금 이 잘못된 교육을 뜯어고치는 일에 제일 먼저 각성해야 할 사람은 학부모라고 봅니다. 소위 교육전문가와 학부모가 문제를 더욱 악화시켜 왔다는 것을 정직하게 이야기해야 비로소 교육을 뜯어 고칠 수 있는 시작이 될 수 있을 것이라고 생각해요. 지금 학부모의 탐욕이라든지 이상 과열된 교육 열풍 이런 것들을 이야기하지 않고, 몇 가지 제도적 개선을 하거나 공교육 정상화 이런 이야기를 해봐야 안 된다고 봅니다. 예를 들어 학부모들은 이런 말을 실제로 하고 있습니다. "어떻게 하든지 공부만 잘하면 너 해 달라는 것 다 해 줄 게"라고 말입니다. 파출부를 해서라도 애들을 학원에 보내고 하는 이런 상황들이 제대로 규명이 되고 극복하지 못하는 한 교육문제는 제대로 해결되지 않을 것입니다. 물론 제도 개선을 통해서 어느 정도는 해결되겠지만, 근본적인 해결은 되지 않는다고 생각합니다. 교육을 사회적 신분의 향상을 위한 결정적인 방법으로만 보고, 또 자기 자식들의 행복을 신분 상승으로만 규정하려고 하는 부모들이 대부분인 한 진짜 이건 해결 안 돼요.

그 다음으로, 두 번째 책임은 교사들한테 묻고 싶습니다.

교사에 대한 문제는 쉽게 이야기하지 못하는 것 중의 하나입니다. 또 복합 원인이 있기 때문에 함부로 이야기하면 안 된다고 하는 반론도 강합니다. 그러나 솔직히 이야기해서 교사들이 실력과 덕성이 높은가 하면 저는 그렇지 않다고 봅니다. 그런 사람들은 아주 얼마 안 되고, 대부분은 그냥 직장인이지요.

실제로 있는 일을 가지고 한 번 이야기해 봅시다. 그걸 일반화하면 안 되지만, 제 생각으로는 일반화될 수 있다고 봅니다. 지금 지방에서, 특히 농촌지역, 군 단위에서 고민이 되는 것이 무엇인가 하면, 토요일에 바람직한 현장탐방학습 이런 게 안 이루어진다는 것입니다. 금요일이 되면 교사들이 도시에 있는 자기 집으로 가버리기 때문에 현지에는 현장탐방학습을 지도해 줄 교사가 거의 아무도 없는 상태가 되어 버립니다. 그러면 자기 고향의 토박이 교사들이 있지 않느냐 하는 이야기가 있지만, 그것도 대부분 2할은 맞고 8할은 안 맞는 말입니다. 이미 중학교 때부터 자기 지역을 떠나 도시에 가서 학교를 다녔기 때문에 그리고 교사가 되면 집을 도시에 사 놓았기 때문에 고향 의식이 별로 없는 것입니다. 대부분 출퇴근을 하게 되는 것이지요. 한 시간 반 정도의 거리까지 출퇴근하는 사람들이 많아요. 그러다 보니 실제로 출근해서 퇴근할 때까지만 아이들하고 만나는 것입니다. 그 지역을 잘 모르고, 그 아이들의 부모를 잘 모르는 상태에서 애들 교육을 하고 있는 것입니다. 결과는 뻔한 일 아닐까요? 획일적인 지식교육만이 남게 되는 것이지요. 그러니까 획일적인 입시교육을 비판하는 교사들까지도 스스로가 그렇게들 하고 있는 것입니다.

세 번째가 구체적으로 세상 탓입니다. 제 큰 아이가 지금 의대를 다니고 있습니다. 수련의라는 것을 내년에 하게 될 예정입니다. 그 제도가 존치될지 어떨지는 모르지만, 만일 존치된다면 자기는 속초의료원으로 가겠다고 이야기합니다. 조금 소외된 곳을 마음속으로 생각하고 있는 것 같더군요. 저는 그 아이의 속마음을 알기 때문에 "참 좋은 일이다." 그러면서 한 번 물어보았습니다. "주변에 쓸 만한 애들 있느냐?"라고 말입니다. 그러니까 "없습니다."라고 해요. 그러면 "의사나 의대생들이 여가시간을 어떻게 보내느냐?"라고 했더니 게임을 많이 한다고 그러더군요. 그런데 "의사를 왜 하려고 하느냐?"고 했더니 "첫째는 돈이고, 두 번째는 권력이 아닐까요?"라고 대답했습니다. 그래서 다시 물었지요. "의사가 무슨 권력이냐?"라고 말입니다. 의사가 됐다는 것 자체가 실제로 우리 사회에서는 권력이라는 이야기랍니다.

그래서 앞에서 이야기한 그런 학부모, 그런 교사들이 이런 사회의 모순 구조와 입시 위주의 획일적인 교육이 얽혀 있는 한, 개선이 안 되는 것은 뻔한 일이겠지요. 입시제도 한두 개 고친다고 해서 교육 문제가 바뀔 수 있다고 생각하기는 어렵습니다.

그렇다면 이제 근본적으로 이야기할 수밖에 없습니다. 근본적으로 바꾸려고 하는 이유는 두 가지입니다. 하나는 이런 교육을 하면 할수록 인간성이 망가지기 때문에 근본적으로 바꿔야 합니다. 또 하나는 이런 교육으로 양산된 사람이 많을수록 현재의 모순이 점점 더 깊고 넓게 퍼지기 때문에 고쳐야 되는 것이지요. 그러니까 쉽게 말하면 하나는 개개인의 행복 때문에 바꿔야 되고, 또 하나는 이 상태로 가면 세상이 훨씬 더 빨리 망가지기 때문에 결정적으로 고쳐야 됩니다.

교육을 어떻게 고쳐야 하는가

이제는 고치는 것도 몇 가지 측면을 같이 보아야 합니다. 저는 우선 문제의식을 이렇게 가져야 된다고 봐요. 보통 교육 그러면 '지덕체'라는 식으로 이야기합니다. 하지만 저는 '체덕지'로 봐야 하지 않을까 생각합니다. 무슨 말인가 하면 우선 건강해야 한다는 이야기입니다. 그러니까 자기 몸을 돌볼 줄 알고 자기 몸을 쓸 줄 아는 것이 교육의 가장 기본이라고 보는 것입니다. 좀 다른 말로 하면, 자기 몸의 구성이라든지 기능을 잘 이해하고, 자기 몸의 흐름을 자연과 일치시키는 것이 필요하다는 것입니다. 즉 개인 건강과 자연 건강을 사회에서 실현시킬 수 있도록 해야 합니다. 그것이 교육의 목표가 되어야 하는 것 아닐까요. 그래서 저는 '체'가 1번이고, 그 다음으로 올바른 마음이니까 '덕'이고, 그 두 가지가 잘 어우러진 바탕 위에서는 '지'가 많을수록 좋다고 생각합니다. 그런데 지금처럼 덕과 체를 별로 이야기하지 않고, 체까지도 과외를 해가면서까지 하는 상황에서는 지가 많으면 많을수록 그것은 개인의 불행임과 동시에 사회적 분란의 뿌리가 될 뿐입니다. 그렇기 때문에 지덕체가 아니라 체덕지가 되어야 한다는 것이지요.

또 현재의 6-3-3-4 학제는 해방 직후에 만들어진 것입니다. 그로부터 거의 70여 년간 무비판적으로 이 학제를 써오고 있습니다. 물론 조금 변형은 있지요. 하지만 기본골격은 6-3-3-4인데, 저는 그 제도가 별로 맞지 않는다고 봅니다. 예를 들어 초등학교에서 습득하는 지식을 생각해 봅시다. 그런 것은 요새 책보고 인터넷 검색하고 그러면 6년까지는 필요

없는 것 아닐까요. 초등학교 때 이것이 몇 년이 필요할지는 모르겠는데, 서로 어울려서 살 줄 알고 기본적인 말을 습득하는 기간이 되는 것이니까 그건 4년만 해도 충분하다고 봅니다. 그리고 중고등학교는 따로 떼어 놓을 필요 없이 합쳐도 돼요. 그리고 학제를 중심에 두고 이야기는 하지는 않았지만, 중고등학교를 합쳐 가지고 4년 또는 5년으로 하고 '무학년 학점제'를 해야 한다고 ○○고교의 이기정 선생님이 주장했는데, 전 그게 맞다고 생각합니다. 적정 학점만 따면 그냥 중고등과정을 마치고 직업을 갖거나 대학으로 진학하거나 하면 됩니다. 그렇게 해서 4-4 또는 4-5 내지 4-6으로 만들어 현재의 12년을 8년에서 10년 정도로 재편성할 필요가 있습니다. 바로 직장으로 갈 사람은 직업학교로 가고 그래도 충분하다고 보는 것이지요. 문제를 더 심각하게 만들어 내는 교육제도 하에 오래 붙들어놓을 필요가 뭐가 있겠습니까?

저는 무학년 학점제가 좋다고 생각합니다. 수학을 왜 모든 학생이 다 해야 되느냐, 수리만 좀 알고, 하기 싫으면 기본수리만 이해할 수 있는 학점 정도만 이수해도 될 수 있는 것 아닐까요? 왜 하기 싫은 것을 똑같이 하게 해서 수업시간에 자게 만드느냐는 말입니다. 영어도 왜 다하게 하느냐 이거지요. 필요 없는 것은 자기가 안 하고, 자기가 하고 싶은 것을

172

하게 해서, 좀 더 학습에 있어서의 자발성을 높일 수 있는 무학년 학점제가 맞다고 보는 것이지요. 그러기 위해서는 초등학교에서는 어울려서 사는 공동체 의식을 많이 강화시키고, 중등과정에서는 무학년 학점제의 운영을 통해 시험을 지금처럼 획일적인 시험이 아닌, 상대평가가 아니라 절대평가로 바꾸게 되면 상당히 많은 것들이 달라질 것이라고 생각합니다.

앞에서 교사들을 비판했는데, 그건 교사들을 제가 아끼기 때문에 하는 소리입니다. 과연 실력이 있느냐, 인품이 어떠냐를 이야기했던 것인데, 그 전에 먼저 다음과 같은 선결과제가 있는 것도 사실입니다. 교사들이 교육에 전념할 수 있는 조건을 만들어 주고 그래도 잘못하면 그걸 비판해야 되는 것인데, 지금과 같은 조건 속에서는 교사들이 교육에 전념할 수 없습니다. 아주 정확한 단어인데 '잡무'라는 것 말입니다. 잡무를 왜 교사들이 해야 되는가 하는 이야기입니다. 교사는 늘 생각하는 것이 교육이 되어야 하고, 가르칠 궁리에 집중하도록 해줘야 합니다. 나머지는 그 업무를 전담하는 사람을 뽑아서 맡겨야 하는 것이지요. 5만 명만 더 뽑으면 되는 것 아닌가요? 5만 명에 2조 원 정도만 투자하면 되는 일입니다. 그것을 먼저 해결한 다음, 그래도 교사들이 잘못하면 그때는 물러나게 하거나 재교육을 하거나 해야 하는 것 아닐까요? 지금 그런 일은 하지 않고 성과급제를 도입하고 하는 식으로는 문제는 전혀 해결되지 않을 것이라고 장담할 수 있습니다.

그 다음으로 보아야 할 것이 교과 내용입니다. 국어, 영어, 수학 이렇게 쭉 있는데 이것 역시 별로 적절하지 않다고 생각하고 있습니다. 그렇게 별로 적절하지 않은 것을 가지고 입시를 치르는 것이기 때문에 문제가 더 커지는 것이지요. 입시라는 것이 그것을 잘하는 애들 뽑는 거잖아요. 그러니까 별로 맞지 않는 것 잔뜩 벌려 놓고 거기서 애들을 뽑는 것이기 때문에 그 입시제도가 좋게 될 리도 없습니다. 그리고 그 바탕 위에서 좋은 걸 창안해 봐야 좋은 교육이 이루어질 수 있다고 보지 않는 것입니다.

앞에서 체력지 이야기를 했습니다만, 교육에서는 무엇에 주력을 두어야 할까요? 제일 중요한 것은 언어, 국어의 문제입니다. 자기의 사상과 감정을 표현하고 남의 것을 받아들이고, 또 표현하고 사유를 하는 것이 기본적으로 말이기 때문에 말 교육이 제일 기본이 됩니다. 그래서 말을 '존재의 집'이라고 합니다. 자기 나라의 말을 얼마만큼 깊이 있고 아름답고 교양 있게 구사할 수 있느냐 하는 것이 교육의 바탕인 것이지요. 영어가 아니라 자기 나라의 말, 그게 가장 기본입니다.

두 번째로는 사람과 집단의 내력을 알아야 되니까 역사 교육이 기본이 되어야 합니다. 그 다음이 어디에 살고 있는지를 알아야 되니까 지리 교육이 기본이 되어야 하는 것입니다. 국어, 역사, 지리 이 세 가지가 기본이 되어야 한다고 생각합니다.

또한 인간의 존재론, 관계론 이런 것에 대한 이해가 역시 중요하니까 철학, 종교 같은 것이 이야기되겠지요. 기본이 덜된 아이들에게 곧바로 초등학교나 유치원 때 영어를 가르치는 것은 거의 미친 짓이라고 볼 수 있습니다. 애들을 착란에 빠지게 하는 엄청난 잘못을 저지르고 있는 것입니다. 하여튼 나랏말 교육은 백번 강조해도 모자란다고 봅니다. 현재와 같은 식으로 하면 안 됩니다.

초등학교 졸업하고 자기 의사를 표현할 수 있고, 자기 의사를 글로 쓸 수 있고, 남의 이야기를 듣고 이해할 수 있는 그런 능력이 초보적으로 형성이 안 되는 교육은 완전히 잘못된 교육이라고 비판받아야 합니다. 초등학교쯤 졸업하면 그래도 한국의 대표적인 시 몇 가지 정도는 낭송할 수 있어야 되고, 고등학교쯤 졸업하면 생산직 노동을 할지라도 상당히 수준 높은 시 몇 수 정도는 낭송할 수 있고 하는 정도는 되어야 되는데, 지금은 말 교육이 너무 안 되고 있습니다.

그리고 우리 사회의 역사에서 주요한 이야기들, 예를 들어 신채호의 '조선혁명선언' 몇 줄 정도는 자연스럽게 나올 수 있어야 된다고 봅니다. 그런 것이 국어 교육이나 역사 교육의 결과라고 생각해요. 역사는 한국의 역사만 이야기하는 것이 아니라 인간의 역사를 이야기해야 합니다. 지리도 마찬가지이지요. 향토지리, 한반도지리, 세계지리를 함께 논해야 하는 것입니다.

예를 하나 들어 봅시다. 보통 학교에서 "대한민국의 강역이 얼마냐?"고 물으면 다 "22만 평방킬로미터입니다."라고 그래요. "그러면 바다까지는 얼마냐?"고 하면 대답하는 사람이 하나도 없어요. 자기가 살고 있는 공간에 대한 이해가 50퍼센트도 안 돼 있다는 것을 말하고 있는 것이지요. 지금 우리 한반도는 육지가 22만 평방킬로미터이고 바다는 235만 평방킬로미터입니다. 바다 얘기는 들어본 적이 없어요. 그냥 서해, 남해, 동해 이렇게만 알고 있고, 동해는 독도문제로 분쟁이 일어나고 남해에서는 이어도 분쟁이 시작되고 있다는 정도만 아는 것이 보통의 상식을 가진 사람들의 수준입니다.

뿐만 아니라 강이나 산 이름도 실제로 잘 모르고 있습니다. 그냥 백두산, 한라산 이런 식으로는 알고 있지요. 우리가 보통 한반도의 등줄기 산맥을 태백산맥이라고 하는데 사실은 태백산맥이 아닙니다. 태백산맥은 지금의 소백산맥이 태백산맥이고, 지금 태백산맥이라고 그러는 것은 금강산맥이 되어야 하는 것이지요. 산맥의 이름은 대개 이어진 산줄기에서 제일 높은 산의 이름을 붙이는 것인데, 그 줄기에서는 금강산이 제일 높아요. 지금 소백산맥에서 제일 높은 산은 태백산입니다. 그래서 이것이 태백산맥이고 저것은 금강산맥이 되는 것입니다.

예를 들어서 압록강에 대한 이야기를 해 봅시다. 일제가 압록강을 조사해서 발표했습니다. 일본은 자기네 국토 지형이 그렇게 때문에 400킬로미터 이상이 되는 강이 없어요. 그래서 여기 것을 조사해서 발표할 때, 식민지는 무엇이든지 작고 볼품없어야 하기 때문에 다 줄여서 발표를 했던 것입니다. 압록강은 우리 중학교 교과서에 지금도 790킬로미터라고 되어 있습니다. 제가 중학교 때 배울 때에도 790킬로미터로 나와 있었지만, 실측을 하면 820킬로미터입니다. 일본인들이 발표할 때 일부러 작게 줄여서 했던 것인데, 우리는 새롭게 실측을 한 것조차도 교과서에 싣지 않고 있는 것입니다. 도대체 자기들이 살고 있는 땅에 대해 얼마나 관심이 없으면 그럴까요.

다시 말하면 자기가 살아온 시간의 내력 즉 역사도 엉터리가 되어 있고, 공간의 내력 즉 지리도 엉터리로 되어 있단

말입니다. 입시형 국어, 영어, 수학, 사회, 과학 이런 것은
많이 아는데, 실제로 들어가면 정작 사람이 살아가는데 필요
한 것은 모르는 것이 지금의 교육 현실입니다.

인간의 존재를 이해하는 교육이 필요

그런 문제의식을 가지고 더 구체적으로 들어가 봅시다. 예
를 들어서 산업화 시절 때에는 빨리 문자를 해독하여 작업지
시서를 바로 이해하고 일하는 것이 중시되었습니다. 그랬기
때문에 교육은 대중교육으로, 평가는 사지선다형 시험을 통
해서 하고 그랬던 것입니다. 물론 아직도 그 모습에서 벗어나
지 못하고 있는 것이 현실이기는 합니다만, 그때 요구하는
것은 글자를 이해하는 근면한 국민이었던 것입니다. 일제 때
에는 실업교육을 강화하고 인문교육은 한국 사람에게는 될
수 있는 한 안 시켰지요. 그런데 그 연장선상에 있다고 말하기
는 무리가 있을 수도 있지만, 그와 같은 식의 교육을 60년부
터 계속 강조해서 소위 '국민교육헌장형' 사람을 양성시켰습
니다. 그것이 지금까지 계속 이어져 오고 있는 것입니다. 거
기에 정보화만 더해 놓은 것이 바로 지금의 모습입니다.

말, 협동, 자연

그러면 교육이라는 것을 더 근본적으로 따져 봅시다. 사람은 세 가지 측면이 합쳐져 있는 존재입니다. 사람은 누구도 대신해 줄 수 없는 독자적 존재입니다. 그렇기 때문에 거기에 맞는 교육이 꼭 기본을 이루어야 합니다. 독자적 존재이기 때문에 혼자서도 깊은 사유를 할 수 있고 아름다운 말을 구사할 수 있는 그런 능력을 함양하는 교육이 반드시 되어야 하는 것이지요. 깊은 사유를 할 수 있고, 아름다운 말을 구사할 수 있는 것, 이게 제일 중요한 것입니다. 또한 혼자서도 능히 먹고 살 수 있는 노동과 경제능력을 함양하는 그런 교육, 그게 반드시 교육의 기본으로 있어야 된단 말이지요. 지금처럼 초등학교 때부터 그런 것이 전혀 없는 교육, 지금 혼자서 먹고 살 수 있는 것을 애들이 할 수 있습니까? 전혀 못해요.

두 번째, 인간은 함께 어울려 사는 존재, 즉 사회적 존재입니다. 그러면 사회교육이 있어야 됩니다. 사회교육의 핵심은 무엇이냐 하면 협동과 경쟁입니다. 다시 말하면 관계론이지요. 그렇다면 교육의 주된 내용은 협동과 경쟁을 능히 할 수 있는 사람을 키우는 것이 되어야 합니다. 협동만 해도 안 되고 경쟁만 해도 안 되는 것인데, 지금 우리 교육은 거의 경쟁 위주이기 때문에 문제가 생겨나고 있습니다. 교과서에서는 협동을 강조하는데 실제의 내용은 전부 경쟁이기 때문에 애들이 스스로 상당한 내부분열 상태에 있습니다. 실제로 공부를 하는데 협동을 하면 안 되잖아요. 특히 입시 때문에 절대로 안 되는 것이지요. 핀란드는 시험 시간에 학생이 선생님한테 시험지를 가지고 가서 어떻게 하면 좋을지 상의하고 그런다고 하던데, 그런 일은 여기에서는 있을 수가 없지요. 그래서 협동과 경쟁을 충분히 알고 행할 수 있는 교육을 해야 하는데, 경쟁의 폐해가 너무 커서 어찌할 줄 모르고 헤매고 있는 것입니다. 교육의 주된 방향과 내용은 협동적 경쟁이 되어야 한다고 봅니다. 경쟁적 협동이 아닙니다.

그 다음으로, 인간은 우주가 없으면 한시도 존재할 수 없는 우주적 존재입니다. 태양이 있어야 인간이 존재하는 것이고, 미생물이 있어야 존재하는 것이지요. 뭐든지 다 있어야 됩니다. 무기물까지 있어야 인간이 존재하는 것이니까요. 우주적 존재라는 것은 우주와 아주 구체적인 관계를 맺고 있다는 것을 의미하기 때문에, 그것에 대해서 교육이 되어야 합니다. 우주를 이해하고 관계를 이해하는 것, 자연이 무엇이고 우주가 무엇인지에 대해서 깨닫는 것이 필요합니다. 거기서 우주론이라든지 절대론 또는 상대론, 종교철학 이런 게 다 나오게 되는 것입니다.

그렇게 독자적 존재, 사회적 존재, 우주적 존재를 통합하는 교육 내용이 새로 편성되지 않는 한 우리가 당면해 있는 교육의 문제는 극복할 수 없습니다. 지금 현재 우리가 하고 있는 제도 교육을 가지고, 더 나아가 지금 전 세계에서 이루어는 교육을 가지고 과연 어떤 문제를 해결할 수 있을까요? 인간성을 고양하고, 우주적 감성을 가진 사람으로 성장할 수 있는 교육을 하고 있느냐를 묻고 있는 것입니다. 이건 우리나라뿐만 아니라 다른 나라도 잘은 모르지만 안 하고 있을 것입니다.

이렇게 교육의 근본과 기본을 살핀 다음 방법을 찾아야 합니다. 인도의 간디는 교육에 대해서 상당히 고심을 많이 한 분입니다. 그는 위대한 교육자이면서 철학자, 독립운동가였지요. 저는 그분의 교육방법론을 이렇게 이해하고 있습니다. 지역에서 활동하다 보면, 간디의 교육론은 이상적인 것이 아니고 현실적인 것이었다는 생각을 하게 됩니다. 그는 마을학교를 상당히 강조를 했어요. 노동과 예술과 학습을 통합하자는 것이 간디 교육의 핵심입니다. 일해야 된다 이거지요. 그리고 예술을 이해해야 진선미 쪽으로 가는 것 아닐까요? 그 다음이 학습을 하는 것이겠지요.

노동, 지금 우리 교육에 노동이 있습니까? 요즘 말하는 농촌체험은 말 그대로 체험일 뿐이지 노동은 아닙니다. 그러니까 학교 안에서 또는 집에서 노동을 할 수 있는 여건이 만들어져야 한다고 생각해요. 저는 노동을 중요하게 여기기 위해서 체험을 하는 것은 좋다고 보지만, 현재와 같은 방식은 아니라고 생각합니다. 다음으로 예술에 대한 교육은 어떤가요? 글쎄요, 그것도 제대로 이루어지고 있는 것은 아니라고 봅니다. 교육에서 노동과 예술과 학습, 그 다음에 하나 더 강조한다면 몸, 이 네 가지가 잘 돌아가면 전인적인 인간이 양성될 수 있다고 생각합니다. 제가 직접 체득한 것이지만, 아이들이 날마다 두 시간 정도 노동을 하면 정말로 애들이 바뀌는 모습을 실감할 수 있습니다.

'한국인 세계시민'을 기르는 교육개벽

우리의 아이들이 제대로 된 교육을 향유하기 위해서는 어떻게 해야 할까요? 용어를 '교육개혁', '교육혁명'으로는 안 되기 때문에 저는 '교육개벽'이라는 말을 사용합니다. 다시 말하면 천지개벽 하듯이 바꾸지 않으면 안 바뀐다고 보는 것입니다. 그렇다면 그걸 실천적으로 어떻게 할 것인가? 그 내용으로 들어가 봅시다.

본격적으로 실천에 나서려고 하면 어려움이 많을 것입니

다. 개벽을 하자고 하면 대개는 현실적으로 어렵다고 이야기
합니다. 제가 보기에는 이렇게 주장을 하면 누가 제일 반대를
하는가 하면 교육전문가들일 것입니다. 왜냐하면 자기들의
권력이 사실은 해체되는 것을 의미하기 때문이지요. 그래서
목표를 분명히 따져보자는 것입니다. 왜 교육을 하는가? 그
것에 대해서 '사회적 합의'를 이야기하곤 하는데, 진짜 사회적
합의가 있어야 됩니다. 왜 교육을 하고, 어떤 인간형을 육성
하려고 하는가. 그걸 분명히 해야 하는 것입니다.

나는 어떤 인간형을 육성할 것인가 하는 목표는 이미 나와
있다고 봅니다. 앞에서도 이야기했던 '한국인 세계시민'이 되
면 되는 것이지요. 그러니까 한국인의 정체성을 가진 열린
지구촌 시민이 되면 된다는 말입니다. 그게 목표가 되어야
합니다. 그런데 지금은 우리 교육의 목표가 무엇입니까? 한
국인 세계시민은 분명히 아닐 것입니다. 저는 한국인 세계시
민이 목표가 되어야 된다고 확신합니다. 왜 그런가 하면, 결
국 교육의 핵심은 존재와 관계에 대한 이해와 실천이기 때문
입니다. 그래야 전인적인 사람이 됩니다. 존재를 알아야 되고
관계를 알아야 되는 것이지요. 그리고 실천을 해야 된다는
말입니다.

지난번에 수경 스님과 이야기를 하다가 제가 물어 봤습니

다. "도대체 불교에서 이야기하는 깨달음이 뭡니까?" 그랬더니, 수경 스님은, "이해와 실천이라고 봅니다." 그러더군요. 즉 "사람이 뭐고, 뭐라는 것을 이해했으면 실천을 해야 하는 것이고, 그게 깨달음 아닐까요?"라는 이야기였습니다. "깨달음이 벽력같이 온다는 이야기(돈오점수(頓悟漸修)는 작은 깨달음을 얻어 계속 수행을 하여 완성을 하는 것이며, 돈오돈수(頓悟頓修)는 크고 완벽한 깨달음을 얻어서 완성을 한 것)도 있지만, 어쨌든 이해와 실천이 아닐까요. 일반적으로는 아주 탁월한 사람만이 모든 것을 한꺼번에 확 깨우치는 것일 텐데, 그것은 보기에는 정말 석가모니 정도의 한두 명일 것이고, 대부분은 이해와 실천일 것입니다"라고 대답해 주더군요.

존재에 대한 이해, 관계에 대한 이해가 깨달음의 중심이라는 것입니다. 그런데 그 이해가 얼마나 깊은지, 넓은지에 대해서는 이야기를 더 해 보아야 될 것입니다. 어쨌든 크게 보면, 존재와 관계에 대한 이해와 실천, 그것을 하기 위해 교육이 있는 것입니다. 그래서 제 방식으로 이야기를 하면, 이런 비판적 질문이 가능해집니다. 사람은 교육을 받고 자기의 먹고사는 생업을 선택해서 살아가고 있습니다. 그런데 구체적으로 예를 들어서, 사법고시 합격자가 한 번 시험에 합격했다고 죽을 때까지 계속 대우를 받고 많은 돈을 벌고 권력을 행사

하는 것은 이상한 것 아닐까요? 또 그렇게 된 사람이 올바른 판결을 할 수 있을까요? 존재와 관계에 대한 이해가 그다지 깊지 않고, 몇 가지 법률 지식을 가지고 시험에 합격한 사람이 평생을 대우받는 그 사회가 정상적인 사회일까요? 전 정상적인 사회라고 보지 않습니다. 의사 고시에 합격해서 계속 의사를 한다는 것은 어떤 지식과 기능이 필요해서 만들어진 제도이기 때문에 일단 필요하기는 합니다. 하지만, 인간존재와 관계에 대한 이해가 부족한 의학지식과 기능만 가진 사람이 주가 되다 보니까 현재의 의료실태가 벌어지고 있는 것입니다. 그러므로 존재와 관계에 대한 이해와 실천이 근본이고 나머지는 기능이라고 생각해야 됩니다. 기능에 대해서 너무 높은 점수를 줄 필요는 없다는 것이지요. 법조인도 하나의 기능에 불과한 것이므로 그렇게 대단하게 대우를 하는 것은 본말이 바뀐 것이라고 할 수 있습니다. 존재와 관계에 대한 관계를 튼튼히 이해하는 것이 우선되어야 한다는 것입니다.

정리해 보면, 사람은 먹고사는 존재 즉 경제인입니다. 다시 말해 그것은 구체적인 하나의 지식과 기능을 바탕으로 하고 있기 때문에 그것은 그에 합당하게, 정당하게 땀 흘리는 만큼 대접을 하면 된다는 말입니다. 그게 정상적인 사회라는 이야기입니다. 지금처럼 과도하게 지식과 기능을 대우하면 안 된다고 하는 것입니다.

깨어 일어난 사람의 실천에서 개벽은 시작된다

그렇다면 바람직한 인간이라는 것은 무엇일까요? 나를 어느 정도 이해하고 나와 너의 존재에 대한 이해, 관계에 대한 이해를 하고 자연과 우주에 대한 이해를 하는 사람이겠지요.

교육이란 무엇이냐 하면, 사람이 어때야 되는가 하는지를 이야기하는 것입니다. 내가 누구인지를 어느 정도 알고, 너와의 관계를 이해하고, 일 열심히 해서 먹고 살면서 더 높은 가치를 추구하는 것 그게 사람다운 것이겠지요. 그러면 따져봅시다. 나쁜 놈은 누구인가 하면 일 안 하고 먹고 사는 사람입니다. 그러면 최고로 나쁜 놈은 누군가 하면 일 안 하고 남의 것 뺏어서 호의호식하는 사람입니다.

그래서 교육이 필요한 것입니다. 교육을 통해서 이와 같은 바람직한 인간상에 대한 합의가 사회적 풍토로 되어야 하는 것이지요. 조금 과격한 이야기지만 금융자본의 말기적 현상으로 2008년에 미국에서 금융위기 현상이 생긴 것을 보면, 그것은 사실은 일 안 하고 계속 파생상품으로 만들어 돌리면서 돈을 뺏은 것이거든요. 당연히 진짜 엄벌하고 금융 메커니

즘이나 운동 원리를 바꿔야 되는 상황입니다. 그런데 그걸 안 하잖아요. 인간사회에서 최고로 나쁜 것이라는 것은 일 안 하고 남의 것 등쳐먹는 일이 가장 나쁜 것이고, 나쁜 것은 일 안 하고 그냥 빌붙어 사는 것이 나쁜 것입니다. 정상과 보통은 무엇인가 하면 자기가 일한 만큼 먹고 사는 것입니다. 그런 사람이 중심이 되어야 좋은 사회가 되는 것 아닐까요? 그러면 좋은 것은 무엇일까요? 일 열심히 해서 남까지 배려하는 사람이 좋은 삶이고, 최고는 열심히 일하고 자기 희생하면서 남 위해서 사는 사람, 이게 최고의 삶이겠지요. 지금 그런 게 교육이 되고 있는지 한 번 돌아볼 필요가 있습니다. 실제로는 전혀 교육이 안 되고 있지요. 그래서 사람은 이렇게 되어야 합니다. "최고로 나쁜 것은 절대 안 해야 되고 나쁜 것도 안 해야 되고 보통은 되어야 된다. 그러면 우리는 최고를 지향하자." 이런 게 늘 강조되고 분위기가 그렇게 되어야 되는 것입니다.

이제 그렇게 하기 위한 교육을 어떻게 할 것인지 그 방법론을 생각해 내야 합니다. 어떻게 하면 그렇게 할 수 있을까요? 그를 위해서 교육과 교육기능을 같이 하는 것을 생각해야 된다고 봅니다. 교육기관은 공교육을 업으로 하고 있습니다. 그러므로 교육계가 사회교육의 핵입니다. 또한 사회교육의 간접기능을 담당하는 것은 언론과 종교입니다. 그러니까 교육을 개벽하려면 교육계 및 언론계과 종교계까지 같이 처방을 해야 교육개벽이 시작된다는 것입니다. 그런데 지금 제일 문제가 많은 영역이 어디인가 하면 저는 종교라고 생각합니다. 어떤 의미에서는 종교가 정치보다 훨씬 부패했다고 볼 수 있습니다. 또한 종교, 언론, 교육계의 타성과 부패, 실력 없음 …… 등은 막상막하라고 보입니다. 그런데 순위를 억지로 매겨 본다면 종교, 언론, 교육 순서인 것 같습니다. 그러니까 사회의 정신적 중추기능의 3대 영역들이 그 모양이 되었기 때문에 교육개벽이 요구되고 있는 것입니다.

그렇다면 교육개벽을 하려면 어떻게 해야 될까요? 그 안에 있는 깨어 일어난 소수, 그 안에 있는 깨어 일어난 사람들은 분명히 존재하고 있습니다. 그들과 바깥사람들이 함께 이야기를 해가지고 방안을 만들어야 합니다. 아마도 그렇게 시작을 해야 무엇인가 이루어질 것입니다.

○○대학이 진보적인 대학이라고 이야기들 합니다. 그런데 정말 그럴까요? 몇 년 전부터 가까운 교수나 총장에게 ○○대학을 협동조합으로 바꿔 보라고 이야기하곤 했습니다. 우리 사회에서 협동조합이 요란하게 이야기되기 전부터 그랬습니다. 당신들이 스스로 하면서 그렇게 해야 진보적으로 되는 것이지, 자본 구성은 똑같은데 말로만 진보를 이야기한다고

해서 진보가 되느냐고 그랬었습니다. 그리고 학생들이 또 뭘 배우겠어요? 몇 가지 분석하는 방법론과 시각만 그렇게 되어 있는 것이지 진보적이지는 않습니다. 어느 종교재단에서 운영하는 ○○대학 총장에게도 협동조합으로 좀 바꿔보시라고 그랬어요. 자본구성 자체가 일인 지배적인데 무엇이 바뀌겠습니까? 그건 쉽게 안 바뀝니다. 종교 자체도 스스로 바뀌지는 않아요. 그나마 그 두 학교는 그래도 좀 괜찮은 학교라고 할 수 있습니다만 형편없는 학교들이 너무나 많습니다.

언론은 다 잘 알고 있는 것이니까 말할 필요도 없습니다. 지금 신문 한 장에 팔백 원입니다. 다른 나라에서는 보통 좀 괜찮다는 신문이 한국 돈으로 천 팔백 원에서 이천 원입니다. 왜 그렇게 비싼가 하면, 건전한 신문 방송은 구독료 수입이 50%가 넘어야 독립성을 유지할 수 있기 때문이지요. 광고에 압도적으로 의존하는 신문은 광고주의 눈치를 보아야 하기 때문에 불건전할 수밖에 없습니다. 그런 점에서는 진보건 보수신문이건 똑같은 것입니다. 조중동은 보수적 경향이 더 많다는 차이만 나는 것이지요. 지금 구독료 또는 신문판매 매출 비율이 수입의 50퍼센트를 넘는 곳은 한국사회에는 없습니다. 그래서 우리나라 언론은 좋은 곳이 없어요. 인터넷 신문의 상황은 잘 모르지만 그곳도 광고수입에 크게 의존하기 때문에 상황은 마찬가지라고 볼 수밖에 없는 것이지요.

이처럼 강한 사회적 교육기능을 가진 종교와 언론이 그런 상황에 있기 때문에 불리한 조건을 기본적으로 안고 들어가는 것입니다. 그러면서 공교육을 정상화한다고 대증요법을 쓰려고 하는 것이기 때문에 진짜 교육개혁이 안 되는 것입니다. 근본에서부터 새롭게 바꾸어 나가는 교육개벽이 요청되는 것은 바로 이런 현실 때문에 더욱 절실해지고 있습니다.

운동의 경험에서 무엇을 배울 것인가

민주화운동 평가, 제대로 해야 한다

민주화운동기념사업회법에서는 '1948년 8월 15일 정부수립 이후 헌법에 보장된 국민의 기본권을 침해한 권위주의적 통치에 항거하여 국민의 자유와 권리를 회복·신장시킨 활동'이라고 민주화운동을 정의하고 있습니다. 하지만 본격적으로 우리 사회의 민주화운동이 시작된 시점은 아마도 4·19혁명에서부터 잡아야 할 것입니다.

4·19혁명은 대단한 것이라고 생각합니다. 4·19혁명은 휴전한 지 7년 만에 그리고 실질적으로 분단된 지 15년 만에, 또한 새 정부 수립 후 12년 만에 학생과 시민이 궐기해서 일으킨 민주혁명이었습니다. 더군다나 분단 상태 하에서, 휴전한 지 겨우 7년밖에 안 되었던 시점이니까요. 지금도 한국 사회의 민주역량이 대단한 것이라고 보고 있지만, 거기에는 분명히 연원이 있는 것입니다. 결국 일제 때 그리고 그 이전부터 줄기차게 부당한 탄압에 대항해 싸워 왔던 역량이 쌓이고 쌓여서 그렇게 된 것이라고 할 수 있습니다. 하여간 4·19혁명은 그런 점에서 우리나라뿐민 아니라 세계사적으로 잘 들여다봐야 할 큰 사건이라고 생각합니다.

4·19혁명은 결국 민주주의와 민족통일이 우리 사회의 핵

심가치로 정착하게 되는 중요한 계기가 되었습니다. 특히 4·19 이후에는 민족통일의 열망이 높았습니다. 그러나 이것이 5·16쿠데타에 의해서 좌절되었고, 60년대 초에는 민주주의와 민족통일운동을 금압하는 박정희 정권에 대한 소리 없는 저항운동으로 지속되게 됩니다. 그 저항에는 민주주의에 대한 열망과 함께 민족통일에 대한 내면적 열망 역시 함께 존재하고 있었습니다.

그러다가 그것이 확 불타오르게 된 것이 6·3한일회담 반대운동을 통해서입니다. 그때 6·3운동(1964~65년)의 주력은 대학생 중심이었습니다. 과거 4·19혁명 때는 고등학생도 상당히 들어 있었지만 그 이후에는 그렇지 못했습니다. 그 대신에 재야라고 하는 한국사회의 양심세력이 힘을 발휘하게 됩니다. 그래서 재야와 대학생 중심 즉 지식인 중심의 민주화운동이라는 틀을 형성한 것입니다. 아마 재야라는 말은 다른 나라에서도 비슷한 개념은 있겠지만 그런 용어는 없는 것으로 압니다. 한국사회의 재야는 여러 부문의 양심적이고 진보적이고 민주적인 사람들의 집단지성이라고 볼 수 있습니다.

이 시대는 아주 정교한 이념체계에 의한 학생운동이라기보다는 상당히 치열했지만 상식에 충실한 운동이었다고 할 수 있습니다. 민주주의를 제대로 하자는 것입니다. 모두가 가난했기 때문에 그리고 재벌들이 권력의 비호 아래 성장하고 있는 재벌 초기였음으로 특히 사회정의에 대한 요구는 상당히 강했습니다. 물론 경제민주화라는 용어는 한참 뒤에 쓴 것이지만 말입니다. 그런데 그때는 워낙 가난한 때였기 때문에 사회정의는 지식인의 영역이었고, 대부분의 국민은 너무 가난하니까 '잘 살아보세!'라는 박정희정권의 정치구호에 동의한 상황이었습니다.

하여튼 공장을 세워서 굴뚝에서 연기가 많이 나고, 길 많이 닦고 그러면 그게 나라가 잘되는 것이라고 생각하던 시절이니까 지금의 관점으로 보면 안 되겠지요. 그럼에도 불구하고 하여튼 재벌의 횡포에 대해서는, 상당히 강한 비판이 있었습니다.

이와 같은 흐름을 이해하기 위해서는 우리나라의 재벌형성사를 볼 필요가 있습니다. 특히 재벌 1, 2위인 삼성과 현대를 볼 필요가 있는 것입니다. 그것은 특별히 우리나라의 재벌을 비판하기 위해서가 아닙니다. 자본의 원시적 축적단계에서는 어느 나라나 다 비슷합니다. 우리나라 재벌은 초기에는 원조경제에 기생하여 성장하였습니다. 원조경제와 권력이 같이 맞물려서 간 것입니다. 큰 재벌이 된 현대는 본격적인 경제개발 초창기에 권력으로부터 일감을 집중적으로 받았습니다.

그때는 사회간접자본 시설하느라고 정부의 공급 규모가 어마어마했습니다. 전 국토를 막 뒤집기 시작했던 때였으니까요. 오죽했으면 당시에 서울시장을 하던 김현옥 씨를 '불도저시장'이라고 했겠습니까. 그런 것이 크게 소용돌이치던 시기였기 때문에, 재벌의 횡포에 대해서는 분노하기는 했지만 지금과 같은 것은 아니었습니다.

60년대 말 그리고 70년대 초에 들어와서 어쨌든 경제가 외국차관, 한일협정을 통한 청구권자금의 형태를 통해서 자본을 외국에서 조달하고, 저임금을 바탕으로 한 조립형 가공수출을 통해 외형을 어느 정도 키워 갔습니다. 그 과정에서 1962년부터 시작했던 경제개발 5개년계획이 일정한 성과를 거두기 시작하게 되었습니다. 또한, 자본조달에 있어서는 60년대 말부터 70년대에 걸친 베트남전쟁 특수 같은 것이 있었던 것도 사실입니다.

산업화에 있어서 엄밀하게 말하면 두 가지 요소를 비판적으로 잘 보아야 합니다. 그게 무엇인가 하면, 첫째는 남북이 갈라져 있다는 현실입니다. 남북분단이 체제경쟁의 형태를 띠면서 지속되었기 때문에 그 당시 미국으로서는 대한민국이 자본주의 진영의 진열장 비슷하게 성공을 해야 한다는 논리가 작용했습니다. 다시 말해서 미국은 대한민국에 대해서는 무역에서 상당히 편하게 대해주는 면이 있었다고 볼 수 있지요. 그와 같은 냉전체제의 국제적인 조건과 함께 내부에서의 잘 살아보자는 욕망 그리고 그것을 조직화해서 정권의 정당성을 확보하기 위한 그 당시 박 정권의 역할 등이 또 하나의 중요한 요소가 되었던 것입니다.

기본적으로 민주주의를 유린하고 1인 독재로 갈 성향이 농후한 개발독재 상황이었기 때문에 국민의 민주주의에 대한 열망은 상당했습니다. 이러한 상황은 선거 때 보면 금방 알 수 있었던 것이지요. 63년 대선 때 윤보선 후보와 박정희 후보는 15만 표 차이가 났지만 67년 선거 때는 표차가 좀 많이 났습니다. 그러나 71년 선거 때는 김대중 후보가 나왔는데 표차는 좀 난 것으로 나왔지만, 실제로 그때 야당을 지지했던 사람 또는 중립적인 사람들은 김대중 후보가 이겼다고 생각했을 정도였습니다. 엄청난 관권선거, 부정선거가 아니면 김대중 후보가 이겼을 것입니다.

그러니까 사실은 우리 국민들이 산업화를 지지하면서도 민주주의에 대한 열망은 대단했다고 할 수 있는 것이지요. 그 대단한 열망을 잘 남아서 그때그때 열심히 투쟁을 한 민주화운동세력, 학생과 지식인 즉 재야가 상당히 현실성 있게 민주화투쟁을 잘했다고 볼 수 있습니다. 당시의 민주화투쟁은 유별나게 튀는 모습은 없었고 무척 애국적이고 치열했습니다. 또한 어떤 이념적 틀 속에 갇히거나 그러지도 않았습니다.

그러다 아마도 1971년이 기점이 될 것 같습니다. 물론 국제적으로는 70년대 초의 데탕트로 미국과 중국이 수교를 하게 되고, 그 다음에 일본과 중국이 수교를 합니다. 이렇게 해서 일정하게 데탕트가 이루어지는 국제적 조건이 형성되자, 그 반영으로 국내에서는 7·4남북공동성명이 발표되게 되었지요. 이와 같이 냉전이 조금 완화되는 국제적 조건이 있었고, 국내적으로는 71년 대선 때 야당세가 엄청나게 치고 올라와서 그냥 두면 다음번에는 정권이 바뀌는 상황이 될 수 있었던 상황이었던 것입니다.

그 당시의 경제개발전략은 외자에 의존한 저임금 수출공업에 매진하고 있었던 때였습니다. 정말 노동자·농민의 생존 조건은 처절했습니다. 지금 와서 생각하면 이해하지 못할 정도의 열악한 노동조건에 놀랄 뿐입니다. 영국 산업혁명 당시에 어린 애들이 그야말로 착취당했던 사실에 놀라고 그랬는데, 정말 열악한 노동조건 속에서 그야말로 저임금을 바탕으로 수출입국을 한다고 하던 시절이었습니다. 그런 모순이 쌓이고 쌓여 여러 번의 사회적 모순의 폭발이 일어났던 것입니다. 그런 폭발이 정치적으로 표현된 것이 71년 대통령선거라고 볼 수 있습니다. 그리고 70년의 평화시장 전태일 분신사건, 71년 한진상사 파월노동자 칼빌딩 방화사건과 광주대단지 빈민 폭동사건 같은 기층민중의 투쟁이 계속되고, 공업화 과정에서 노동운동의 중요성이 상당히 부각되었습니다. 이런 상황 속에서 71년에 박 정권은 비상사태를 선포하게 되지요. 안팎의 조건을 정상적으로 해결할 수 없으니까 폭력에 의존하게 된 것입니다. 다양하고 심각한 항의가 빈발하니까 폭압적으로 해결하기 위해 등장한 장치가 위수령 같은 것이고, 폭력의 제도화가 72년의 유신헌법이고, 긴급조치 1~9호였다고 할 수 있습니다.

유신독재시절의 민주화운동은 따로 분리해서 이야기를 해야 합니다. 유신 초기에는 상당히 폭압적인 탄압 속에서 조금 침잠했지만, 곧바로 73년부터는 개헌청원운동을 시작했고, 그래서 긴급조치 1~4호 등이 계속 나오게 된 것입니다. 박 정권은 긴급조치 4호, 민청학련사건을 통해서는 사형까지 시켜가면서 민주세력을 탄압했습니다. 그러나 그 이후에는 상시적으로 학생, 종교계와 재야뿐만 아니라 노동자, 농민 등 광범위하게 저항세력이 생거나니까 긴급조치 9호로 통제를 하게 되었던 것입니다. 긴급조치 4호는 한 번 써먹는 큰 철퇴라고 한다면, 긴급조치 9호는 상시적으로 덮는 쇠 그물 비슷한 것이지요. 전 국토를 덮었습니다. 구속자만 봐도 상당히 달랐습니다. 그 전에는 학생과 교수, 종교인, 언론인 등이 많았지만, 긴급조치 9호 발동 이후에는 노동자, 농민을 포함한 다양한 이들이 골고루 구속되었습니다. 그렇게 해서 79년에 국제적인 조건도 작용을 하면서, 국내적으로는 자본축적과 분배의 심각한 문제로 경제문제가 한계를 맞이하게 되었던 것이고, 그에 대한 항의가 부마항쟁으로 이어져 마침내 정권이 무너지게 되었습니다.

그때까지는 표면상으로는 민주회복에 대한 열망이 주종을 이루었고, 다른 것은 부차적이었던 것 같았습니다. 다만 70년대 후반부터 노동자, 농민의 생존권 투쟁은 상당히 가열화되기 시작했다고 봐야 합니다. 70년대 후반부터는 노조가 속속 활동하기 시작하여 어용노조가 민주화되면서 원풍모방이나 동일방직노조가 등장했고 그리고 그걸 뒷받침하는 운동세력들이 나타났습니다. 도시산업선교회, 가톨릭노동청년회 등이 많은 활동을 했고, 농촌 쪽은 그 당시에는 가톨릭농민회가 독보적으로 있다가, 79년엔가 전남에서 기독교농민회가 생겼습니다.

이와 같이 초기단계에서는 종교가 민중의 생존권 투쟁을 직접적으로 지원하고 보호해 줄 수밖에 없는 사회적 조건이었기 때문에 그랬던 것입니다. 6월민주항쟁 이후가 되어서야 종교계의 역할이 달라졌기 때문에 우리 사회의 민주화와 종교계의 역할에 대해서는 신중하고 종합적인 접근과 평가가 중요합니다. 교조적인 사회과학을 학습한 사람들은 종교를 자꾸만 '인민의 아편'으로 생각하는 경향이 있습니다. 하지만 그것은 종교의 본래의 역할을 제대로 하려고 했던 내부의 치열한 고투를 간과하는 것입니다. 이를테면 가톨릭 교계에서는 해방신학과 제도신학이 치열하게 논쟁을 펼치고 있었습니다. 그리고 현장교회와 제도교회론이 치열하게 논의되기도 했습니다. 개신교에서는 민중교회운동이 중요한 흐름을 만들었습니다. 그러므로 그것을 그저 '인민의 아편'이라는 식으로 보면 안 됩니다. 그것은 교조적인 평가에 불과합니다. 그게 아니라, "현장에서 치열하게 살아가는 사람들 자체의 모임이 현장교회다" 이렇게 보면 이는 민중운동론과 똑같은 것이지요. 그래서 공부하는 사람들이 편협하게 교조적으로 생각하면 안 된다고 하는 것입니다. 시대적으로 그 시대에 맞는 역할을 하면 종교가 올바르게 기능을 하는 것이고, 그것을 외면하고 딴짓만 하면 제대로 기능하지 못하는 것으로 보아야 합니다. 그런데 그것을 관념적, 교조적으로 생각해서 이렇다 저렇다 평가하면 안 된다고 봅니다.

6장 운동의 경험에서 무엇을 배울 것인가 201

70년대 민중생존권투쟁과 민주화투쟁에서 종교의 역할은 한국이나 남미 같은 경우에는 상당히 중요했습니다. 종교계의 치열했던 활동상을 빼버리거나 경시하는 경우가 많은데 그건 옳지 않은 것입니다. 또한 지식인들, 특히 문인들, 언론인들의 70년대 민주화투쟁은 상당한 평가를 해야 한다고 봅니다.

생명평화운동의 흐름

1980년에 신군부 쿠데타가 일어났습니다. 워낙 폭압적으로 억압하니까 한 2~3년 정도는 지하운동 비슷하게 그리고 준비기처럼 움직였습니다. 그런데 특히 광주민주화운동, 광주학살이라는 것은 우리나라 운동에서 정말 중요하게 따져봐야 합니다. 상식으로는 다 알고 있는 것인데, "미국이란 무엇인가?" 하는 물음이 정면으로 제기되었던 것입니다. 우리의 삶에서 그리고 '민주화운동에서 미국이란 무엇인가?'라는 근본적인 물음 말입니다. 그리고 본격적으로, 그 당시에는 치열한 고민이기 때문에 그게 나온 것이지만, 보다 더 과학적인 사회운동을 하기 위한 이론적인 학습들이 깊어지기 시작합니다. 그래서 등장한 것이 소위 '사회구성체 논쟁'입니다.

그때 대략 두 가지의 모색이 있었다고 볼 수 있습니다. 광주민주화운동, 광주학살이 워낙 충격이기 때문에 이걸 어떻게 극복해서 이길 것인가 하는 목표는 모두 같은 것이었습니다. 그래서 민족모순에 더 중심을 두는 접근과 계급모순에 조금 더 강조점을 둔 것이고 그렇게 얘기들이 진행되었는데 그것이 소위 'NL'이니 'PD'니 하는 논의입니다. 크게 보아서 민족민주혁명으로 해결해야 한다는 생각이 학생운동과 청년운동에서는 대세였다고 볼 수 있습니다.

그런데 재야운동은 기본적으로 민주질서를 회복하는 것이 중요하다는 것이었습니다. 그리고 또 하나는 그렇게 많이 드러나지는 않았지만, 민족문제, 민주주의 문제를 제대로 하자는 것은 다 동의하는데, 좀 더 근본적으로 보아야 되겠다는 입장입니다. 현재의 구조악은 단순히 신군부와 미국의 비호 아래 벌어지는 반민족, 반민주적인 행태 이런 것만이 아니고, 근본적으로 현대 과학기술문명의 폭력성, 이런 것이 국가주의와 독점자본과 합쳐져 벌어진 일이기 때문에 잘못된 근대 과학기술문명을 극복하지 않는 한 희망이 있겠느냐 하는 이야기였습니다. 그러나 전자의 남본이 압도적이었기 때문에 그렇게 된 것이지만, 민족민주혁명노선에 입각한 민주주의, 민족통일, 민중생활의 향상은 공통된 구호였습니다. 그런데 후자, 즉 근본적인 것을 이야기하는 것은 대략 공동체적인 삶이니 생명운동이니 하는 그런 주장으로 80년대 초중반 때부터 논의되었습니다. 그게 한 20년 후에 생명평화운동으로 개화가 된 것으로 봐야 합니다.

그래서 민족민주혁명운동과 민중주체론에 입각한 민중민주혁명론이 정립되니까 당시에는 농활과 공활이 크게 번성했습니다. 그때는 청년학생은 물론 성직자까지 농활, 공활에 많이 나갔어요. 일종의 유행 비슷하게 다 해야 하는 것이라는 분위기였습니다.

6월민주항쟁의 성공과 반성

하여간 수많은 우여곡절과 민주화운동을 통해서 87년 1월의 박종철 고문치사사건으로부터 시작된 민주헌법쟁취국민운동은 6월민주항쟁의 성공으로 이어졌습니다. 그런데 바로 이 지점에서 우리가 반성해야 할 것이 몇 가지 있다고 생각됩니다. 철저한 반성을 하고, 방법적으로도 어떻게 해야 될 것인지 깊이 생각해 봐야하는 것이지요.

6월민주항쟁 때 민주헌법쟁취국민운동본부는 앞에서 계기를 열고 자락을 깐 역할을 한 것이고, 학생대중들이 그야말로

투쟁의 주체가 되었고, 나중에는 시민대중이 대규모로 합세를 하면서 운동의 양상이 달라지게 되었습니다. 그리고 또하나의 특징은 과거에는 대도시 중심이었는데 6월민주항쟁은 중소도시에서도 많이 일어났다는 것입니다. 당시 전국 각지역에 민주헌법쟁취국민운동본부가 정확하게 몇 개가 결성되었는지는 모르지만, 당시 제가 일하고 있었던 가톨릭농민회가 직 · 간접적으로 관여했던 곳이 60여 곳이었습니다. 전국적으로 아마도 90여개 정도는 만들어졌을 것입니다. 그러니까 전국에 걸쳐서 전민항쟁 비슷하게 일어났기 때문에 경찰력으로 이것을 막지 못하게 되었던 것입니다. 경찰 병력들이 과거에는 몇 군데만 막으면 되었는데, 이번에는 워낙 많은 지역에서 동시에 항쟁이 벌어졌기 때문에 경찰력이 분산되어 버린 것이지요. 그래서 서울에서는 전경 중대병력이 무장해제 당하는 사태까지 벌어졌습니다. 전국에서 들고 일어난 것, 즉 운동이 광역화되었던 것은 상당히 중요하다고 생각됩니다. 정말 웬만한 사람들은 모두 다 민주화운동에 나섰거나 심정적으로 지지했다고 할 수 있습니다. 그게 6월민주항쟁의 위대한 점이라고 할 수 있겠지요.

그러면 반성해야 할 것은 무엇일까요? 아직 자세히 밝혀지지 않았지만, 6월민주항쟁의 결과가 어떻게 직선제 개헌만으로 귀결되어 버린 것인지에 대해서는 제대로 되돌아봐야 합니다. 물론 직선제에 대한 국민의 열망은 대단히 높았지만, 6월민주항쟁의 결과는 김대중 씨 석방과 직선제 개헌과 대통령 선거 실시로 귀결돼 버렸던 것입니다. 그러다 보니 열심히 싸운 사람들은 자기발언을 할 수 있는 통로가 없어져 버렸습니다. 민주화추진협의회(민추협)도 항쟁에 참여하기는 했지만, 민추협으로 대표되는 김대중 세력과 김영삼 세력 그리고 그 당시 집권세력의 타협이 이루어진 것이라고 보는 게 옳은 판단일 것입니다. 그 당시에는 직선제에 대한 열망 때문에 그것도 좋다고 생각했지만, 그 이후로도 그것을 철저히 분석해서 비판적으로 극복하려고 하는 그런 지적 작업이나 역사적 작업을 소홀히 한 것이 아쉬울 뿐입니다. 그런 것에 철저하지 않았기 때문에 우리나라 정치는 지금도 이 모양 이 꼴인 것입니다.

그 다음에 또 하나, 노동자의 정치세력화에 있어서의 양면성을 같이 보아야 합니다. 6월민주항쟁이 성공하고 나니까 8월부터 노동자대투쟁이라고 해서 노동자들이 쏟아져 나오게 됩니다. 물론 그것은 당연한 역사의 물결이고 사회 발전의 법칙이지요. 억압이 제일 심했던 금속기계공업 노동자들에게서 터져 나오기 시작했습니다. 소위 노동자 주체론이라는 것을 잘 생각해 보아야 합니다. 특히 노동자 헤게모니론이라는 것에 대해서 깊이 생각해 볼 필요가 있습니다. 사회변혁의 과정에서 주체세력, 특히 주동세력 이야기를 할 때 노동자 헤게모니론을 꼭 이야기하곤 하지만, 실질적으로 일반 노동자들의 생각은 어떻습니까? 사실은 학습된, 조직화된 소수의 노동자들이 그런 생각을 하고 있는 것입니다. 그러니까 비조직된 보통 노동자의 정치사회적, 경제적 소망과 학습된 소수의 노동운동그룹의 생각이 서로 다른 경우가 많습니다.

그리고 또 뭘 따져 봐야하는가 하면, 노동자·농민의 중요성과 노동자 농민들이 중요한 사회적 변혁의 주체 세력이 되어서 좋은 세상을 만들었어도 왜 대우를 못 받는지를 생각해 보아야 합니다. 한 사회의 지배구조의 중추 기능은 노동자·농민이 아니고 배운 사람들이 담당하고 있습니다. 그래서 앞으로 노동자·농민운동이나 시민운동에서 가장 중심적인 것은 다음과 같은 것이 되어야 합니다. 즉 노동자·농민·서민들이 그런 지배기구에 붙어있는 지식인이나 기술자들보다 훨씬 좋은 심성을 갖고 상당한 지식과 지혜를 가진 사람으로 키워내는 교육이 항상저으로 이루어지지 않으면 안 된다는 것입니다. 그런데 실제로는 그렇게 하지 않고 있습니다. 일종의 동원대상이나 조직대상일 뿐이지요. 이 사람들을 정말로 인간적으로 성숙시키고 향상시키는 노력들을 안 합니다.

인간은 아는 만큼 변화합니다. 정말로 민중교육이 중요하다는 것이 늘 강조되고 그러지 않는 한, 주체론 그런 것은 민중을 써먹기 위한 것만은 아닐지라도 결과적으로는 그렇게 되고 맙니다. 그리고 노동자를 폭력투쟁의 상징처럼 이야기하는데 실제는 그렇지 않습니다. 그들도 폭력은 싫어합니다. 다시 강조하거니와 인간성을 풍부하게 할 수 있는 학습이 끊임없이 이루어질 수 있어야 한다는 것입니다. 노동자가 언제 공부하느냐고 하는데, 천만의 말씀입니다. 노동자·농민들이 그림도 그릴 줄 알고, 시도 읊을 줄 알고 하는 그런 민중교육이 되었을 때에야 비로소 민중해방운동이 상당히 뿌리를 내릴 것이라고 생각합니다. 일상생활에서 노동자·농민·서민들이 돈에 쪼들려도 이렇게 생각하고 이야기할 수 있어야 된다고 생각합니다. 지금도 그런 논의들은 잘 안 하지만, 그 당시에도 그런 논의가 너무 없었습니다. 그 이후도 없었고, 지금도 소위 진보진영에서 이야기 좀 한다는 교수들도 그런 생각은 잘 안 하는 것 같습니다.

그리고 또 하나 강조할 것이 있습니다. 자기의 눈으로 보고 자기의 말로 이야기하는 것이 버릇이 되어야 합니다. 80년대 운동에서 나타났던 '남의 말 흉내 내는 것, 남의 이론 흉내

내는 것'이 그것입니다. 그런 현상은 지금도 곳곳에 남아 있습니다. 앞에서 이야기했던 복지사회, 복지국가를 논의할 때 책이나 자료를 읽어 보지 못한 사람은 일단 끼어들 수가 없는 어려운 이야기들을 수도 없이 쏟아냅니다. 그래서 저는 어떤 일에 있어서든지 정말 자기 말로 자기의 시각으로 이야기해야 된다는 것이 전제가 될 필요가 있다고 생각합니다. 논의되는 내용을 자기 말, 자기의 시각으로 이야기하지 못할 때 결국에는 객체가 되는 것이지요.

87년 6월민주항쟁 때 온 국민이 열심히 싸워 놓고, 결국 세 집단이 재빨리 타협해서 그 성과를 제 것으로 만들어 버렸던 것처럼, 앞으로도 중요한 변화가 오더라도 그런 역사적 반성 또는 문화적 반성을 하지 않으면 그런 사태는 또 반복될 수 있습니다. 그게 민주화운동에서 상당히 깊이 반성해야 될 부분이라고 생각합니다.

시민운동의 등장과 아쉬움

그런 흐름 속에서 90년대를 맞이하게 되었습니다. 1989년에 '경제정의실천시민연합(경실련)'이 생기고 94년에 '참여민주사회와 인권을 위한 시민연대(참여연대)'가 생기게 되는데,

어느 순간 갑자기 이름이 시민운동으로 바뀌었어요. 저는 시민운동 하는 사람들한테 "언제 그렇게 민중운동에서 시민운동으로 바꿨냐?"고 그랬었지요. 진짜로 갑자기 이름을 바꾼 것입니다. 그 말을 왜 하는가 하면, 70년대, 80년대에 계속 줄기차게 해결해야 한다고 해 왔던 민주주의 문제, 민중의 생활문제, 민족통일 문제는 별로 해결이 되지 않았는데 운동 방식과 주체를 갑자기 바꿔버린 것입니다.

그것과 관련해서 두 가지 조건은 생각은 할 수 있어요. 먼저 6월민주항쟁 이후 새로운 정치적 조건이 전개되니까 거기에 맞는 운동을 해야 되겠다 하는 논의입니다. 또 하나는 사회주의, 공산주의가 무너져 버리기도 하고 또 90년대에 들어서서는 사상적 제약이 상당히 많이 완화되었습니다. 물론 그런 객관적인 변화는 인정하지만, 그래도 민족문제, 민주주의 문제, 민중 문제를 정직하고 깊이 있게 의논들을 안 하고 빠른 속도로 시민운동으로 전화된 것에 대해서는 좀 짚어 보아야 된다고 봅니다.

그러면 시민운동이 우리 사회에 기여한 것이 무엇이고 문제점은 무엇인지 생각해 봅시다. 과거 폭압적인 체제였을 때의 민주화운동과 그냥 단순 비교하면 안 되지만 운동이 일상화된 것에는 기여했다고 볼 수 있습니다. 하지만 그 외에는 기여도가 낮다고 봅니다. 우선 전문성이라는 이름 아래 운동 방식이 지나치게 고소 · 고발형식에 너무 치우쳐 있는 것은 옳지 않아요. 그리고 지나치게 사무국 중심운동이 되어 갔습니다. 과거에도 그런 점은 있었지만 시민운동은 그 정도가 더합니다.

그리고 상당수의 운동이 보이고 있는 모습 가운데 하나인데 이런 것이 문제가 될 것 같아요. 사회가 그만큼 경계선이 없어지고 여유가 있어진 것인지는 모르지만, 큰 자본에 대한 경계심이라든지 그런 것이 너무 없어졌습니다. 말을 좀 점잖게 완곡하게 하고 있는 것이지만 상당히 문제가 있습니다. 큰 조직일수록 더 그렇습니다.

어떤 환경운동에서는 이런 일부의 논리가 있습니다. "큰 자본이 참여해서 환경에 기여하도록 바꾸면 좋지 않느냐" 하는 이야기입니다. 저도 그것을 완전히 부정하는 것은 아닙니다. 하지만 운동이라는 것은 아무리 그래도 좀 더 근본적이고 좀 더 못사는 사람 쪽에 있는 것이 운동의 모습입니다. 그런데 운동의 효율이라는 측면을 강조하면서 이렇게 이야기하는 것은 재단(財團)들의 모습입니다. 그런데 우리나라는 운동하고 재단하고 구별이 잘 안 돼요. 그런 것은 분명히 반성해야 됩니다.

사무국 중심의 운동과 대자본에 대한 경계심의 약화는 결국 서로 상승작용을 일으키게 됩니다. 대자본에 대한 경계심이 약해지니까 사무국 중심으로 대자본이 들어오게 되면 어떻게 되겠습니까? 몇 사람 중심의, 유명인사 중심의 일이 되면서 '시민 없는 시민운동'의 길로 갈 수밖에 없는 것입니다.

그리고 네 번째로 반성해야 될 것이 좀 정치적인 이야기인데 여야를 뛰어넘지 못하는 시민운동이 문제입니다. 물론 보수 여당을 중심으로 하는 정치권의 흐름이 있기 때문에 그것을 반대하는 것은 충분히 이해는 합니다. 하지만 늘 선거 때만 되면 이쪽 운동권이 한두 개 조직만을 빼놓고 전부 야당 편만 들다보니 지나치게 정치화되는 모습을 보일 수밖에 없는 것이지요. 여야를 동시에 질타할 수 있고 그래야 말발이 서고 대안도 제시하고 그러는데, 어느 편을 편애하고 어떤 편을 비판하고 그러면 국민들 속에서 영향력이 줄어들게 되어 있어요. 그런 네 가지 정도는 우리 사회의 시민운동이 반성을 해야 된다고 생각합니다.

시민운동의 성과로 앞에서 이야기한 운동의 일상화라고 하는 긍정적인 면에 하나를 보탠다고 하면, 이런 것은 성과로 생각해도 될 것 같습니다. 시민들의 일상적인 삶을 변화시키려고 하거나 그 삶을 대안적 삶으로 바꾸려고 했던 노력이 그것입니다. 90년대에는 그런 논의가 그렇게 많지 않았지만

2000년대에 들어와서 많이 생겨나고 확산되게 되는데, 그것은 좋은 점으로 평가를 해야 된다고 봅니다.

운동을 이끄는 사람들에게 필요한 것은

여야를 넘어, 정치를 넘어

운동이 정치화 되거나 권력화 됐다는 비판에 포함되는 것이 무엇인가 하면 운동의 지도적 인사들이 너무 현실정치화 되었다는 것입니다. 2012년 같은 경우는 이해가 안 되는데, 왜 그렇게 많은 운동권 인사들이 야권공천경선에 참여했는지 모르겠어요. 정치를 하려면 정치 하라 이겁니다. 그것도 열심히 하라 이거지요. 그런데 하다가 떨어지면 어중간하게 되어가지고 이것도 아니고 저것도 아닌 상태로 있는 것입니다. 선거 때마다 그런 친구들이 있는데 전 그게 뭐 하는 짓인지 모르겠어요. 과거 60년대, 70년대에는 그런 것을 용인하지 않았어요. 운동은 운동이고 정치는 정치니까, 저쪽에 갔다가 안 된다고 다시 오고 그러지 못했습니다. 엄격한 문화가 있었단 말이시요. 그런데 지금은 이렇게 그냥 왔다 갔다 한단 말입니다. 그래서 그걸 잘못된 정치화라고 이야기하는 것입니다. 핵심 인물도 그렇고, 분위기 전체가 떠 있는 것이지요.

그리고 또 정말 반성해야 하는 것이 있습니다. 옛날식으로 말하면 '민중 속으로'라고 하는 것이 지금은 '시민 속으로'라는 것입니다. 그런데 시민 속에 들어가서 진짜 뿌리를 내리고 무엇을 하려고 하기보다는, 운동방식이 앞에서 이야기한 고소·고발 방식과 이벤트형이다 보니까, 이게 진정성이 좀 약하고 뿌리를 못 내립니다. 예를 들어 경제사회 문제가 심각해지고 협동조합이 중요하다 그러면 그쪽으로 확 쏠려가게 됩니다. 그러면서 자기네 입맛에 맞는 대로 그 분야의 이론이나 역사를 적당히 조합해서 쓰고, 진짜 애썼던 사람들은 인정을 안 하고 하는 이상한 풍조들이 생기곤 합니다. 그런 현상이 발생한 게 한 십 수 년 된 것 같아요. 나는 그걸 이상한 풍조라고 밖에는 표현 못하겠습니다.

예전에는 여야를 동시에 나무랄 수 있고 누구하고도 이야기할 수 있는 그런 사람이 많이 있었습니다. '야하고만 이야기가 되고 그렇지는 않았어요. 박정희도 그 당시 학생운동을 계엄령으로 탄압하고 그랬지만 6·3운동 때는 '애국학생'이라고 연설을 할 만큼 학생운동을 그렇게 호락호락하게 보지는 않았습니다. 대학교수들의 시국성명이나 천주교 사제들의 시국성명 같은 것은 상당히 중요한 울림이 있었단 말이지요. 지금은 의견의 표현이 일반화된 것은 장점이라고 보지만, 지금은 뭘 해도 반응이 미지근합니다. 요즘의 정국에 대해서 연속성명이 다양하게 나오는 걸 보면 우리나라의 민주주의가 저변이 꽤 넓다고 할 수 있습니다. 그것은 민주주의가 일상화 되고 제도화되고 그렇게 되었다는 증거일 수도 있지요. 그러 나 무수히 성명이 나오고 하지만 반응들은 신통치가 않아요. 말들은 안 하지만 "또 하는가 보다" 그런단 말이지요.

민주주의가 과거처럼 일부의 싸울 수 있는 사람들의, 열심 히 싸우는 사람들의 것만이 아니게 된 것, 다른 식으로 표현하 면 민주주의가 세속화되어서 누구나 자신들의 의견을 이야기 할 수 있게 되었다는 것은 좋은 일입니다. 그런데 정말 우리의 민주주의를 지키기 위해서 열심히 싸우는 사람이라는 생각과 아울러, "뭐, 그쪽 편 아니야"라고 생각하는 면도 있다는 것을 주의 깊게 살펴봐야 합니다. 그래서 운동하는 사람은 평소의 행동에 대단히 주의를 기울여야 합니다. 뭐라고 할까 너무 한 진영으로 분류되어서는 안 된다는 말입니다. 그런 수준을 넘어서야지요. 한쪽 진영으로 분류가 되면 어른으로 인정이 안 됩니다. 그러니 우리 사회에 어른이 없다는 이야기가 나오 게 됩니다. 평가는 서로 다르지만 예를 들어 김수환 추기경 같은 분은 어른으로 생각을 했습니다. 그래서 그런 분이 혹시 정권에 대해서 아주 쉬운 말로 한두 마디 하면 상당한 파장이 있었는데 지금은 그런 게 없습니다.

공부는 깊이와 유용성이 함께 있어야

그리고 시민운동을 하는 사람들이 들으면 상당히 기분이 나쁘겠지만 너무 공부들을 안 합니다. 써 먹는 공부들은 하는데 깊이 있는 것은 안 한다는 말입니다. 깊이 있는 것과 써 먹는 것이 합쳐져야 진짜 무엇인가 되는 것인데 그것이 너무 부족합니다. 특히 젊은 일꾼들, 시민사회단체 사무실의 실무자들과 대화를 해보면, 생각을 많이 안 하는 것 같아요. 이것저것 검색해서 꽤 많은 것을 알기는 아는데 깊이 생각하는 모습들은 아닌 것 같습니다. 그게 정보화 사회의 특징일 수도 있습니다. 사람이라는 게 그 사회에서 완전히 자유로울 수 없는 것이니까요. 그러다가 혹시 깊이 생각하는 젊은 30대를 만나게 되면, "야! 이 녀석은 참 괜찮은데" 하고 생각도 합니다. 그런데 그런 사람이 간혹 있기는 있지만 아주 드물어요. 옛날에는 꽤들 있었습니다. 바쁘고 힘들수록 공부를 많이 해야 되는 것은 당연합니다. 그런데 요즘 그것이 부족하다는게 아쉽습니다.

육체노동은 사람을 건전하게 한다

또 하나 반성해야 되는 것은, 지난 6·10민주항쟁기념식 때 이야기했던 것인데 너무 육체노동을 안 합니다. 저는 농활 그런 것을 다시 해야 된다고 봅니다. 그것은 요즘 말하는 농촌생활 체험은 아닙니다. 사람은 살면서 자기가 망치도 두들겨 보고 흙도 만져 보고 그래야 되요. 요즘 애들처럼 전부 도시화되어 있기 때문에, 농촌체험 이런 식이 아니라 실제로 무엇인가를 해봐야 됩니다. 노동이라든지 땀을 흘린다는 것이 어떤 것인지를 논리가 아니라 몸으로 알아야 한다는 말이지요. 그런 기회가 교육과정에 있어야 하는데 없습니다. 그것을 왜 안 하느냐고 하면 교육현장에 있는 사람들이 그것을 별로 중요하게 받아들이질 않기 때문에 그렇습니다.

역설적으로 세계화되고 정보화될수록, 오히려 가져야 될 것이 탈세계화와 탈정보화라고 하는 두 가지 관점입니다. 늘 이야기되는 것이 지역화 이야기인데, 세계화를 더 넘어선 탈세계화와 지역화를 같이 생각해 내야 대응방안이 나올 수 있습니다. 정보화도 마찬가지입니다. 정보화가 되면 될수록 그걸 잘 활용해서 사회변혁의 유려한 수단으로 쓰려고 하는 노력과 동시에 탈정보화의 노력이 있어야 합니다. 이와 같은 노력이 바탕이 되어야 건전한 인격을 가진 그리고 건전한 상식을 가진 사람으로서 운동의 방향감각이나 판단력이 유지될 수 있을 것입니다. 그냥 사회의 주류를 좇아가는 것이어서는 잠깐 동안의 효용은 있을지 모르지만 잘 될 것이라고는 생각되지 않습니다.

양극화도 문제, 돈의 노예는 더 문제

얼마 전에 강원도 고성에서 지역사회 발전운동에 대해 이야기해 달라는 요청이 있었습니다. 대략 20명이 모인 자리였지요. 지금 지역현장의 가장 큰 문제는 제가 보기에는 가난의 문제, 양극화 문제가 아닙니다. 제가 보기에는 돈의 노예가 된 것이 문제입니다. 그것을 정확하게 인식하고 가난의 문제, 양극화의 문제를 이야기해야 되는데 실은 그렇지 못합니다. 지배자나 피지배자나 모두 돈의 노예가 된 상태를 철저하게 인식하지 않고 그것을 전부 지배세력의 잘못으로만 돌려가지고 이야기한단 말이지요. 그러니까 알코올 중독이 되면 술을 먹인 자를 나쁘게 이야기함과 동시에 이미 알코올에 중독된 것에 대해서도 심각한 문제로 같이 대처해야 되는 것인데 말입니다.

저는 그야말로 지역대중들을 만날 때마다 "이거 너무 돈의 노예가 되어서 큰일 났구나!"라고 생각하게 됩니다. 그건 도시건 농촌이건 똑같습니다. 이 문제는 지금의 사회구조적 모순론만으로는 해결이 안 된다는 것을 심각하게 생각해야 합니다. 예를 들어 시골에서 쉽게 볼 수 있는 축제를 한 번 살펴봅시다. 조금이라고 건전한 생각을 가지고 있는 농민이나 주민이라면 축제 같은 것은 안 해야 된다고 주장해야 되는데, 그런 이야기를 못하고 있어요. 분위가 전체가 그렇게 돌아가고 있기 때문이지요. 그냥 예산 배정된 것, 대개 면 단위로 4천에서 6천만 원을 가지고 어떻게 할 것인가 하는 것에만 매달려 있단 말입니다. 정책자금 같은 데는 더 매달리고 그래요. 그리고 훌륭한 생산자 조직을 만들기 전에 빨리 팔아먹을 생각부터 합니다. 즉 기본에 충실하지 않고 방법에만 치우쳐 있는 것이 문제입니다.

얼마 전에 현대자동차 노조가 파업하기로 결정을 내렸습니다. 그런데 자본 쪽에서는 언론을 통해서 먼저 큰소리를 치고 있었지요. 이제 해외에서 생산하는 것이 250만 대이고 국내에서 생산하는 것이 190만 대이니까 양보하지 않겠다고 말입니다. 그리고 그 만큼 차질이 생기는 것은 해외에서 더 생산하겠다는 것이지요. 그런데 그것을 자본가의 협박이라고만 보지 말아야 합니다. 노조 쪽이 더 깊이 생각해야 한다고 봅니다. 무슨 이야기인가 하면, 이제는 주요 노사협상의 내용이 달라져야 합니다. 노동운동의 제일 기본이 뭡니까? 노동자가 사람답게 대접받는 것이지요. 그렇다면 비정규직 문제가 중심이 되어야 합니다. 그 다음에 노동자가 사람이면서 생명이기 때문에 생명에 이로운 온갖 생산조건을 만들라는 것이 중심이 되어야 하지 않을까요? 그런데 늘 돈만 더 내놓으라고 그래요. 지금은 좀 더 세상을 옳게 바꾸고자 하는 발상으로 운동의 흐름을 이끌어나갈 때가 아닐까 생각합니다. 그런 면에서 반성을 많이 해야 된다고 보는 것이지요. 그런데 이런 내용들에 대해서는 솔직하게 반성을 잘 안 하는 측면이 있습니다. 그저 사회과학 용어로만 평가를 하고 있습니다.

7장

운동에 대한 몇 가지 성찰

민주화운동의 그늘

요즘 소위 486 정치인들이 욕을 많이 먹는 이유를 어떻게 봐야 할까요? 정형화해서 말하기는 좀 뭐하지만, 제가 보기에 결정적인 잘못은 무엇인가 하면 '어설픈 이념화'입니다. 정치에서 제일 중요한 것은 건전한 상식이라고 할 수 있습니다. 건전한 상식이 있으면 건전한 생활인의 자세가 그대로 결합됩니다. 그런데 그게 안 되니까, 무엇인가 유별난 사고를 하려고 하는 아주 자연스럽지 않은 현상이 나타납니다. 그러니까 현실을 자기 안경만으로 보게 됩니다.

실제로 486들은 전두환 신군부의 폭정에 선도적으로 대항하면서 6월민주항쟁의 헌신적인 동력으로 작용했습니다. 그러나 인생살이나 세상살이에는 경험과 경륜이 중요합니다. 세상은 그렇게 단순한 게 아닙니다. 남북관계도 그렇게 단순한 게 아니지요. 그런데 단순 프리즘으로 세상을 보고 있다는 느낌이 많이 듭니다.

우리 사회의 제일 중추라고 할 수 있는 40대가 되고 50대가 됐는데도 그러니까 큰일입니다. 특히 정치 쪽에서는 더욱 그렇습니다. 잘잘못을 지적을 하면 받아들이고 위아래와 소통해서 잘할 생각을 해야 하는데 그렇질 못합니다. 자기네 중심으로 하려고 하니까 문제가 되는 것이지요.

앞에서도 이야기를 했던 것이지만, 민주화운동에 대해서 다시 한 번 돌아보도록 하지요. 너무 거슬러 올라갈 것은 없고 80년부터 87년까지의 민주화운동의 공과를 한 번 보고, 그 이후에 소위 시민운동으로 전환하면서의 그것도 살펴보겠습니다. 그 다음에 2000년대 이후의 흐름, 이렇게 세 개로 나누어서 한 번 보는 것이 좋을 것이라고 생각합니다.

80년에서 6월민주항쟁까지의 민주화운동에서 주동력이 되었던 것은 학생운동이었습니다. 청년학생운동이라고 그랬지만 주력은 학생운동이라고 봅니다. 청년은 학생운동의 바로 직계 선배로서 결합해서 움직였던 것입니다. 역사적으로는 5·18광주민중항쟁이 중요한 분기점이 되었습니다. 정부수립 이후 광주민중항쟁이 워낙 큰 충격을 주었기 때문에, 대부분의 운동 영역에서 근본적인 고민을 했다고 봐야 됩니다. 그런데 민중운동은, 예를 들어 그때 제가 소속되어 있었던 농민운동 같은 데서는, 원래 현실에 뿌리박고 있기 때문에 원칙적인 것도 많이 따지지만 현실을 많이 따집니다. 그런데 학생운동은 사회현실에 뿌리를 박은 게 아니고 그 당시 우리나라의 현실이 엄혹하다 보니 상당히 이념화되었던 것만은 사실입니다. 그래서 뿌리를 더듬어 올라가 보면 NL, PD 논쟁이 나옵니다.

그런데 민주화운동이라는 큰 물결 속에서 그런 것은 다 긍정적인 역할을 한 것이라고 생각할 수 있습니다. 그런데 민주화라는 목표를 어느 정도 성취하고 난 다음에 보니까 거기에 내재해 있던 부정적인 요소가 많이 드러났단 말이지요. 아주 강력한 독재세력과 싸우다 보니까 제일 요구되는 게 강한 기동성이었고 또 강한 연대가 요구가 되었지요. 아울러 강한 이념지향적인 것이 요구되었던 것은 당연한 것이었습니다. 그리고 쟁점을 빨리 선점을 해서 상대방에게 타격을 주어야 했었지요. 그래서 그때 운동의 핵심이었던 청년학생운동, 지식인운동, 종교운동, 민중운동 등이 상당히 구체적인 연대속에서 민주화운동을 전개했던 것입니다. 그때의 협동전선이라고 이야기할 수 있는 민주통일민중운동연합(민통련)은 민주화 과정에서 상당한 역할을 했습니다.

당시의 민주화운동은 이와 같은 특징이 있기 때문에 강한 기동성을 가진 청년학생운동이 가장 중요했지요. 다시 말해 시대의 상황이 강한 기동성, 이슈를 선점하는 능력과 강한 이념적 정향 그리고 높은 헌신과 희생을 학생운동에 요구했던 것입니다. 사실 또 그런 마음을 가지고 활동을 했어요. 그런데 운동이 강한 헌신과 기동성을 요구하면 위계질서가 강하게 필요하게 됩니다. 동원을 가능하게 하려면 사실이 그래야 했거든요. 그것이 민주화운동의 현장과 그 과정 속에서는 좋은 방향으로 기능을 한 것이고, 드디어 시민대중과 하나가 되어 6월민주항쟁을 성공으로 이끄는데 긍정적인 작용을 했던 것입니다.

그런데 그 후 상황의 변화에 따라 그동안 순기능을 했던 요소들이 문제점으로 등장하게 됩니다. 그 문제점을 제대로 인식하고 정리하는 과정을 거쳐 운동이 정상적으로 발전했으면 사회발전에 크게 기여를 했을 테지만 실제로는 그렇질 못했습니다. 예를 들어서 이념과 이슈 중심으로 되게 되면 지나치게 정치화되고 진영화되는 잘못이 나타나는 것이지요. 이념과 이슈 중심의 또 다른 문제는 생활중심의 운동이 안 되고 생활과 유리된 운동이 되는 현상입니다. 강한 기동성을 요구하게 되면 민주주의 질서를 요구하면서도 자기는 비민주적으로 된다든지 하게 되는데, 그 이후에 그런 문제들이 다 드러났던 것입니다.

스스로를 정직하게 극복하는 노력이 부족

그런데 지금 6월민주항쟁에 대해서 우리가 잘 생각해 봐야할 점이 있습니다. 그동안 항쟁의 위대성은 많이 이야기했지만 항쟁 이후의 대선 국면에 대해서 그러니까 87년 7월부터 12월까지의 여섯 달 동안에 대한 정직하고 종합적인 반성과 평가가 이루어지지 않았습니다. 지금까지도. 상당히 편향적이라고 생각됩니다. 그것은 학술운동의 영역에서도 마찬가지였지요. 우선 이런 편향적인 것을 극복해야 됩니다. 6월민주항쟁은 분명히 특히 종교계의 역할이 컸습니다. 실제로 천주교정의구현전국사제단 같은 경우는 2월부터 6월까지 상당히 결정적인 역할을 했습니다. 그런데 나중에 평가할 때는 종교계의 역할은 될 수 있으면 빼버렸습니다. 그 대신에 항쟁이 끝나고 7, 8월부터 일어난 노동자대투쟁을 강조하다보니 6월민주항쟁이 노동자들이 주도한 것처럼 보이게 되어 버렸던 것입니다. 전 그런 편향성들을 버려야 된다고 봅니다. 사실대로 보는 것이 제일 중요합니다. 제가 보기에는 그렇게 계급 편향이라든지 계급 헤게모니로 모든 것을 해석하려고 하는 것이 80년대 운동의 특징이고 단점입니다.

그 이후에 그것을 정직하게 평가하지 않고 그냥 넘어 왔기 때문에 지금 나타나고 있는 운동의 문제점들이 정리되지 못하고 있습니다. 과도한 정치주의, 진영논리, 집단 이기주의, 낡아빠진 지역주의 등이 아직도 시퍼렇게 살아 있습니다.

87년 하반기 여섯 달 동안의 상황, 특히 대선국면에서 비판적 지지, 후보단일화, 민중후보 등 세 갈래로 분열되었고, 각자 자기 정당성만 이야기했지 이걸 제대로 종합적으로 평가를 하지 않았습니다. 이렇게 정리가 안 된 상태에서 이듬해 총선에 참여해 여소야대가 되니까, 지난 일에 대해 반성은 안 하고 이긴 걸로 슬쩍 눈을 감아 버렸던 것입니다. 사실은 진 것인데, 분열해서 진 것 아닌가요? 그래서 민주화운동의 열매를 오히려 엉뚱한 사람들이 가져가게 만들었고, 또 지역주의를 강화하게 한다든지 하는 결정적인 잘못을 했으면서도 그것을 반성하지 않았던 것입니다.

그리고는 남북관계나 국제관계 등이 많이 바뀌고 그러니까, 스스로를 정직하게 극복하는 논의와 운동은 안 하고, 바로 조국통일운동으로, 특히 NL 중심의 학생운동으로 확 빠져 들어가 버렸습니다. 그것이 제일 반성해야 되는 것이 아닌가 생각해요. 87년 7월부터 12월까지 그리고 그 이듬해 총선부터 조국통일촉진투쟁 국면까지의 시기까지 종합적이고 정확한 반성과 평가가 부족했습니다. 너무 비약하고 생략되었던 측면이 있습니다. '통일의 아버지 문 목사', '통일의 꽃 임수경' 이런 식으로 정서적으로 붕떠 버렸던 것입니다. 운동은 목표를 제대로 잡고 현실 속에서 대중과 함께 가는 것입니다. 아쉽게도 6월민주항쟁 이후 5~6년간은 거의 그렇게 하지 못했습니다.

중앙 이념 쟁점 사무실에서 지방 생활 공동체 현장으로

이렇게 제대로 된 성찰이 부족한 상태에서 나온 것이 시민운동입니다. 89년의 경실련, 94년의 참여연대의 출범이 대표적인 것이지요. 그러면 그런 흐름 속에서 등장한 경실련, 참여연대가 우리나라의 연면한 역사적 전통을 계승·발전하면서 우리의 근본적인 모순, 기본적인 모순을 해결하는 운동을 제대로 하고 있는지 검토해 봅시다.

그런데 어떻게 되었습니까? 과거의 실천에 대한 제대로 된 평가가 있어야 새로운 운동으로 전진할 수 있는 것이지요. 교과서적으로 말하면 중앙 중심에서 지방 중심으로, 이념 중심에서 생활 중심으로, 쟁점(=이슈) 중심에서 공동체 중심으로 그리고 사무실 중심에서 현장 중심으로 가야 하는 것 아닌가요? 그런데 시민운동이 이런 것을 담지하지 않고 중간에서 이것저것 섞어서 백화점식으로 다 하게 되어 버렸던 것입니다. "다 한다는 것은 다 제대로 못한다"는 뜻과 같은 것입니다. 뭐든지 다 해야 되잖아요. 환경운동도 이것저것 다해야 하고, 시민운동이 통일운동부터 다 해야 됩니다. 그렇게 되어서 운동을 제대로 못하다 보니까 새로운 흐름이 또다시 생겨나게 됩니다.

2000년대 들어와서 경제가 세계경제에 완벽하게 편입되고 세계금융자본의 통제력이 커지니까 이래서는 안 되겠다며 등장하게 된 것이 풀뿌리운동에 관한 논의들입니다. 마을을 어떻게 하자, 협동을 해야 한다는 이야기들이지요. 그런데 여기에서 두 가지를 생각해 보아야 합니다. 진짜 시민의 요구가 객관적으로 존재했기 때문에 그렇게 변화된 측면이 있는 동시에, 제대로 된 종합적인 반성과 평가를 하지 않고 거기에 편승해 버린다는 측면입니다. 그래서 지금 활발하게 이야기되는 협동운동이라든지 대안운동들은 상당히 정직하게 검토를 해야 됩니다. 역사의 교훈을 제대로 인식하지 않고 비약이 이루어진 것도 없었고 그냥 적당히 된 것도 없었어요. 다 뿌린 대로 거두는 것입니다.

하여튼 87년 이후 5년간 잘못되었던 것이 2000년대 초까지 계속되고 있습니다. 신자유주의와 세계화가 이야기되었을 때, 몇 년 전부터 대안경제, 호혜경제 이런 것이 논의되고 있습니다. 사실 운동이 제대로 된 길로 가기 위해서는 단순한 학습모임이나 토론회로는 안 됩니다. 핵심 일꾼들이 모여서 며칠이고 터놓고 깊은 이야기를 해야 합니다. 그리고 거기서 어느 정도 나온 결과를 가지고 각 지역을 순회하면서 털어놓고 솔직히 이야기를 해야 합니다.

지금의 지역운동을 볼 때 전체적인 운동역량은 과거의 민주화운동 때보다 후퇴했습니다. 지역의 역량이라는 점에서는 서울도 마찬가지입니다. 그때보다 객관적 역량은 후퇴한 셈입니다. 그렇게 되다 보니 운동방식이 많이 변했습니다. 대중과 함께 가는 것보다는 대중추수적으로 가게 된 것이지요. 대중추수적으로 간다는 것은 몇 가지 특징을 갖고 있습니다. 매스컴이 좋아하는 쪽으로 움직이게 됩니다. 각종 이벤트, 퍼포먼스, 무슨 콘서트 이런 것을 많이 하게 됩니다. 그리고 사용하는 말도 대중의 말을 안 쓰고 이미 지배언론이 쓰는 말을 그대로 따라 쓰는 것입니다. 운동의 방식과 말을 보면 알 수 있습니다. 제가 보기에는 그건 시민운동에 일종의 소비문화의 경향성이 합쳐진 것입니다.

　또 근본적인 성찰을 덜 하기 때문에 구조적인 모순을 깊이 다루지 않고, 대중 주체의 해결 과정보다는 드러난 문제를 빨리빨리 다루면서 백화점식으로 모든 것을 다 하다 보니 손쉬운 고소고발운동으로 치닫습니다. 그래서 시민운동을 변호사들이 주도하게 되는 것이지요. 민이 주도해야 되는 시민운동을 일부 법조인들이 주도하는 것은 아무리 봐도 정상적이시는 않습니다.

운동의 원칙과 자세

현장으로 가라

저는 사실 운동을 제대로 잘하지는 못했지만 나름대로의 원칙과 자세가 있습니다. 운동의 성공과 실패에 대해 생각해 봅시다. 저는 성공하는 것은 잘 모릅니다. 그렇지만 실패 안하거나 실수를 덜 할 수 있는 것은 압니다. 현장을 가까이 하면 됩니다. 저는 가톨릭농민회에서는 본부에 있었습니다. 우리밀살리기운동도 본부에서 주로 활동했습니다. 그때도 활동의 시간과 공간의 반은 현장이었습니다. 그 후 저는 현장으로 갔습니다. 지금은 DMZ 현장까지 온 것입니다. 그래서 농담으로 이야기하곤 합니다. "내금강 현장까지 가면 내 운동은 끝이다"라고요. 현장을 가까이 하면 실패나 실수는 덜 한다 이것입니다. 그런데 실제로 그렇게 하기는 어려우니 그런 시각으로 보아야 보인다는 말을 하고자 하는 것입니다.

환경운동 하는 친구들한테도 했던 이야기가 기억납니다. "너희들은 그렇게 갯벌이 중요하다고 하는데, 갯벌이 중요하면 여기서도 싸우고 거기서도 싸워야 할 것 아니냐? 그러니 갯벌에 가까이 가봐야 될 것 아니냐?"라고 말했지요. 본부에서 일하고 있는 사람들도 가능하면 자주 현장에 가 봐야 합니다. 그리고 갯벌에 있는 현장운동가들은 잠시 동안이라도 본부에 와서 일할 기회를 만드는 순환 방식을 활성화 하는 것이 운동의 올바른 방식이라고 보는데, 실제로는 그렇게 하지 않습니다. 여기는 맨날 여기서만 하지요. 그리고 현장에는 가끔 상황 파악을 위해 갔다 오는 것일 뿐입니다. 그래서 현장과 자꾸만 유리되거나 현장을 교조적으로 파악하게 되는 것이지요. 예를 들어 정치 쪽으로 간다고 해도 그렇게 하면서 가야 현장대중의 생생한 이야기가 반영되는 것이지, 그렇지 않으면 진영논리로 갈 뿐입니다. 그런 점들은 반성을 해야 합니다.

사실대로 기록하고 반성할 건 반성하자

꽤 여러 해 전에 제가 협동조합법 입법추진위원장을 했다는 것을 생활협동조합 간부들은 거의 모르고 있습니다. 왜냐하면 생협운동사에서 다루지를 않으니까요. 아마 1996년인가 97년인 것 같은데, 생협운동 하는 분들이 저보고 맡아 달라고 해서 그렇게 했던 것입니다. 다행히 소비자생활협동조합법(생협법)이 제정되었어요. 예를 들이 우리나라의 생활협동조합 운농을 위해서 70~80년대에 그렇게 애썼던 경기도 화성의 이건우 선생 같은 분은 대부분 몰라요. 이건우 선생은 우리나라 협동조합운동사 특히 생협운동사에서는 정말 중요하게 기록해야 할 분입니다. 제가 이야기해 주니까 그런 분이 계셨다는 것을 처음 알게 됐다는 사람들이 대부분입니다.

왜 사실대로 이야기를 하려고 하지 않는 것일까요? 그것은 어떤 경향성 때문일 수도 있고, 자기중심적인 잘못된 조직관 때문에 나온 것일 수도 있습니다. 하지만 운동은 더 각성하고 더 좋은 것을 하자는 사람들의 모임이기 때문에 그러면 안 된다는 것을 지적하고 싶은 것입니다. 저는 운동을 소박하게 이렇게 생각합니다. 자기 스스로가 좋은 사람이 되면서 좋은 세상을 만드는 것이 운동이지요. 취사선택해서 자기들에게 필요한 것은 써먹고, 객관적인 사실은 빼고 그러는 것은 옳지 않은 자세입니다. 그게 왜 그렇게 됐는지 좀 철저하게 반성을 해야 될 것 같습니다만, 특히 학술운동이 그런 점을 심각하게 반성해야 된다고 봅니다. 열심히 현장을 찾아다니면서 채록하고 이야기를 듣고 하는 일들을 부지런하게 해야 되는데, 왜 게으른지, 왜 하지 않는 것인지, 모르겠어요.

과거에 대한 제대로 된 반성과 성찰이 미약했던 것은 이런 현상들의 배경이 아닐까 생각합니다. 다시 말해 과거에 대한 올바른 평가와 반성을 거쳐서 목표와 방향, 방법을 정했어야 하는데 그걸 그렇게 하질 못했습니다. 그러다 보니 건전한 대안을 제시하기보다는 일단 반대를 해 놓고 자기 것을 챙기는, 자기 것이 더 우수하거나 뛰어나지 못함에도 불구하고 남은 배척하고 자기 것을 계속 안고 가는 모습들이 보이는 것 같습니다.

사람의 변화가 우선이다

작년에 인제지도자교육을 하면서 그 사람들과 함께 여러 군데 견학을 갔던 적이 있습니다. 그때 경기도 안성의료생협에도 들렀는데, 거기에서 겉으로 표현은 하지 않았지만 새삼스레 보람을 느꼈습니다. 안성의료생협은 상당히 일을 잘하는 곳이거든요. 조합원이 4~5천 명 정도 됩니다. 거기에 이사로 참여하고 있는 사람이 가톨릭농민회를 할 때부터 저를 형님이라고 하면서 참 친하게 지내던 이영철이라는 사람인데, 그 사람이 우리 모두에게 식사 대접을 했어요. 꼭 그렇게 해야 된다고 해서 몇 십 명이 밥을 같이 얻어먹었습니다. 그런데 그 사람이 우리들에게 이런 이야기를 했어요. "형님이 80년대 초에 우리한테 협동조합 교육할 때, 그때 몇 년 간 그 공부를 하지 않았으면 이렇게 의료생협의 이사로 활동하지 못했을 것이라고 생각한다"고 하더군요. 그리고 자기가 보기에, "협동조합은 제일 중요한 것이 교육인데 잘못된 조합은 보면 대개 교육을 잘 안 하더라"고 하면서, "협동조합원을 진짜 좋은 사람이 되도록 교육해야 한다고 늘 주장을 한다."
고 자신 있게 이야기했습니다. 그 모습을 보고, '아~, 그런
것이 정말 중요한 것이구나! 도처에서 이렇게 하는구나' 하는
생각을 하게 되었습니다.

그 당시 우리는 협동조합과 마을민주화에 대한 것이 많았
었습니다. 서로 많이 의논을 해서 일을 하고 그랬습니다. 이
를테면 성공사례로 견학 가는 데를 보면, 그전에 우리들이
교육했던 데가 많았습니다. 그래서 '역시 기본에 충실해야
되는구나' 하는 것을 새삼 확인하게 됩니다.

우리 운동의 문제라고 볼 수 있는 것 가운데 하나가 너무
집회투쟁 일변도의 조직운동을 했지 않나 하는 생각이 듭니
다. 사람을 변화시키고 사회를 변화시키는 것이 운동인데,
사람의 변화를 생각하기보다는 상대방을 무너뜨릴 생각이 너
무 강했던 것입니다. 물론 분단, 전쟁, 대결 구조 아래서 민간
독재, 군부독재에 대항하려다 보니 그럴 수밖에 없었던 '역사
적 사실'은 인정해야지요. 그러다 보니 사람을 변화시키는
것은 부차적인 것이 되어 버리고 적을 압도할 수 있는 우리
편을 확보하는 것을 우선하게 되었던 것 같습니다. 결국 내부
교육, 스스로를 향상시키고 성찰할 수 있는 기회를 갖는 것에
소홀했던 면이 있었습니다. 투쟁을 통해서 사람이 변화한다

는 생각을 하기는 했지만 이게 너무 기계적인 사고였다고 생각됩니다.

그런 면에서 저는 상당히 행운이라고 봅니다. 제가 일하던 가톨릭농민회가 80년대 초에 가지고 있었던 조직운동의 중요한 지침은 개인의 변화와 사회의 변화를 함께 이루어야 된다는 것이었습니다. 이런 지침은 당시의 전국지도신부인 정호경 신부님과 열심히 일하며 운동하던 지역 대표들의 생각을 정리한 것입니다. 제가 현장 교육을 많이 나가서 자주 듣는 이야기가, "아니, 자기 자신이 실천을 하지 않으면 어떻게 말발이 서느냐?" 하는 것이었습니다. 사실이 그렇지요. 우선 자기가 해본 것이면 말하기가 쉽잖아요. "이렇게 해 보니까 이렇게 되더라"는 식으로 말입니다. 마을민주화도 "우리끼리 이렇게 잘하면 이렇게 일이 좀 쉽게 된다"고 할 수 있는 것이지요. 이건 운동의 기본입니다. 그런 조직 풍토 속에서 일했던 것이 지금까지 저의 운동관에 중요한 토양이 되고 있습니다.

스스로, 함께, 꾸준히

저는 지금도 운동에 대해 이렇게 말하곤 합니다. "스스로 함께 꾸준히 하는 것이 운동이다." 라고 말입니다. 스스로 하지 않으면 정말 현실적 또는 도덕적 영향력이 생기지 않습니다. 운동은 반드시 대중과 함께해야 됩니다. 그리고 1~2년 하고 때려치우면 안 되고 꾸준히 하는 것이 중요합니다.

지금 인제에서 생명사회실천운동을 추진하고 있습니다. 올 가을부터 회원과 주민이 같이 모여서 '인제군 생명사회 발전 10개년 계획'을 세우는 것이 과제입니다. 물론 경험이 일천하기 때문에 잘 안 되는 사람도 있고 그렇지만, 내 경험을 전해 가면서 몇 달 하다보면 근사한 작품이 나오게 됩니다. 급하게 전문가들 데려다가 맡기거나 하지 않습니다. 자꾸만 스스로, 함께 만나서 이야기를 하는 방식이 중요합니다. 그래야 회원과 주민이 주체가 될 수 있습니다. 방식에 대한 이야기인데, 인제생명사회실천운동 때문에 올 2~3월에 5명 내지 10명 단위의 소규모로 23번의 모임을 가졌습니다. 몇 명씩 실제로 만나서 이야기를 서로 나눠야 됩니다. 자기들이 모여서 스스로 과제를 정하고 결정을 할 수 있어야 합니다. 이처럼 운동의 동력도 현장에 있고 해답도 현장에 있지만, 그게 성에 안 차고 급하니까 그냥 끌고 가려고 하는 게 보통입니다. 상대방을 이기려고 바로 동원하려고 하는 것이지요. 솔직히 말해 현장 대중의 지지 없이 상대방을 이길 수 있습니까?

운동가에게 보내는 당부

현장, 회비, 말

그래서 이런 당부의 이야기를 하고자 합니다. 첫째, 개인의 변화와 사회의 변화를 통합해서 실현하려고 하는 것을 자기 운동의 엄격한 기준으로 생각해야 된다는 것입니다. 둘째, 현장에 뿌리를 내리지 않은 운동은 곧 권력화되고 정치화될 수 있고, 또 사유화될 수 있는 위험성이 농후하기 때문에 늘 현장을 중시해야 한다는 것입니다. 그렇다고 대중추수적으로 하면 안 되겠지요. 함께 하는 것이 중요합니다. 셋째, 자립하면 최고로 좋은 것이지만 그렇게는 안 되더라도, 하여튼 기본 운영비를 회원들의 호주머니에서 나오게 하는 것이 중요합니다. 그 세 가지가 제가 보기에는 운동을 해 나가는데 있어서 가장 기본입니다. 그렇게 하지 않으면 잘 안 됩니다.

넷째는 아주 중요한 것인데, 시민운동을 하려면 시민이 쓰는 말을 써야 됩니다. 그것도 정확하고 쉬운 말을 써야 되는 것이지요. 사람이 자기 의사를 표시하고 소통하는 것은 말과 글입니다. 그래서 늘 보통 사람이 쓰는 말, 보통 사람들의 언어로 표현할 수 있는 것, 시민운동에서는 이것이 제일 중요하다고 봅니다.

한 달에 최소 두 번은 육체노동을 하자

또 당부하고 싶은 것은 너무 잔머리로 하지 말라는 것입니다. 사람이 육체노동을 안 하고 머리로만 하면 현장하고도 유리되고 현장사람들하고도 유리되고 그렇게 됩니다. 그래서 제가 항상 이야기하듯이 한 달에 두 번 정도 노동을 하라고 하는 것입니다. 사람은 정신노동과 육체노동이 조화되는 것이 가장 좋습니다. 간디 같은 분이 이해가 되는 게, 물론 큰 목표를 이루기 위해서 물레질 같은 것을 하고 그런 것이지만, 그분이 끊임없는 노동을 했기 때문에 노동의 중요성을 알고 있었던 것이지요. 민중의 동력은 노동에서, 집단노동에서 나오는 것입니다.

책, 사람, 마음공부

마지막으로는, 하나 마나 한 이야기인 것 같지만 제가 보기에는 중요한 것입니다. 끊임없이 공부해야 한다는 것입니다. 제 방식으로 이야기하자면, 제일 쉬운 공부는 책으로 하는 것입니다. 좋은 책을 편독하지 말고 폭넓게 읽어야 되는 것입니다. 그 다음으로 좋은 사람과의 만남 속에서 좋은 공부가 많이 됩니다. 사람을 공부해야 되는 것이지요. 그리고 자기를 들여다보는 마음공부를 해야 합니다. 마음공부를 하려면 생각을 깊이 해야 됩니다. 지금까지의 삶을 되돌아보면, 젊었을 때는 질풍노도의 시대이니까 사람들 틈에 끼어서 왔다 갔다 하면서 선배들한테 배우는 게 많았습니다. 그리고 나이가 좀 들면서 책을 골라서 읽을 줄 알게 되지요. 나이가 들면 시력이 퇴화되니까 마음공부와 사람공부에 주력하면서 좋은 책을 가까이해야 합니다. 특히 나이가 들수록 젊은 사람들과 대화하고 그러지 않으면 경험주의자가 됩니다. 경험은 좋은 것이지만 경험주의자는 좋지 않다고 봅니다. 그 세 가지 공부를 잘 통합해서 하는 자기의 부단한 노력, 집단적인 노력이 있어야 된다고 봅니다.

내려놓고 떠나기

이제 진짜 폼 나는 이야기를 하나 하겠습니다. 끊임없이 떠나라는 것입니다. 몸은 현장으로, 더 어려운 곳으로, 뜻은 더 높은 가치를 향해 끊임없이 떠나야 합니다. 예를 들어 내가 환경운동을 해서 어느 정도 유명한 사람이 되었다고 하면, 그 다음의 길은 몇 가지가 있을 것입니다. 하나는 그 경험과 경륜을 가지고 작은 연구소를 하는 방법도 있습니다. 또 그걸 가지고 정치 쪽으로 가서 본격적으로 활동하는 방법도 있습니다. 운동적으로 가장 바람직한 것은 현장으로 가서 작은 연구소와 교육운동을 하는 게 맞는 것 같아요. 다른 것도 마찬가지입니다. 조순 씨가 서울시장 나온다고 그럴 때 측근에게 그런 이야기를 한 적이 있습니다. "서울시장에 나오는 것보다는 고향이 강릉이니까 강릉에 가서 작은 학술운동을 하라"고 말입니다. "그러면 강릉학파가 하나 생긴다"고 그랬지요. 정말로 현장은 그런 것에 목말라 있거든요.

자꾸만 떠나야 됩니다. 떠나서 현장에 가까이 다가가 현장에서 필요한 것을 해야 합니다. 강연을 다니면서 대중교육을 하거나, 조그만 연구소를 세워가지고 지역조사를 한다든지 해야 합니다. 그런 게 모범이고 그렇게 해야 지역의 변화가 빨라진다고 봅니다. 운동가들은 근거가 있다면 자기 고향으로 가는 것이 좋고, 아니면 현장으로 가는 것이 좋다고 생각합니다. 노동운동했던 사람은 노동자 자녀들 뒷바라지 하는 일 같은 것 할 수 있잖아요. 그렇게 해서 자기의 경륜과 내공이 현장의 자산이 되도록 해야 합니다.

근사하게 이야기하면 끊임없이 떠나서 마지막엔 아무 것도 없이 사라지는 것이 운동가의 마지막 모습이 되어야 하는 것이지요. 그러면 진짜 근사한 것이지요. 그야말로 표표히 사라지는 것이 아름다운 모습 아닐까요?

8장

민주시민이 된다는 것

민주시민이란 무엇인가

한국사회에서 민주시민이 된다는 것이 어떤 의미를 갖고 있을까요? 민주시민에 대해서는 많은 학자, 정치인 그리고 경세가 등 정말 여러 사람들이 이야기들을 해 왔습니다. 동서고금의 많은 사람들이 규정한 것이 다 맞다는 전제 하에 하는 이야기이지만 저는 크게 세 가지로 생각해 보려고 합니다. 민주시민이라는 것은 결국은 이 세상이 너와 나로 구성되어 있다는 것을 알고, 또 그것이 다양한 조직의 형태로 나타나고 있다는 것을 아는 것이 기본이 됩니다.

예, 아니오, 더 나은 것

그 바탕 위에서 '예'와 '아니오'와 '더 나은 길은 무엇인가'를 종합해서 구분할 줄 알고 행할 줄 아는 사람을 민주시민이라고 할 수 있습니다. '예'라고 하는 것은 좋은 것은 좋다고 판단하고 받아들이는 것이고, '아니오'는 부당한 것을 거부하고 불의에 저항할 줄 아는 것입니다. 그러니까 '예'는 긍정의 정신이고 '아니오'는 비판의 정신입니다. 그런데 그것만으로는 민주시민이라고 할 수 없습니다. 더 좋은 길은 무엇인가? 즉 대안에 대해서도 생각하는, 긍정과 비판과 대안을 통합할 줄 아는 사람이 민주시민이라고 생각합니다.

대개 민주시민을 이야기할 때는 주로 사회의식을 강조하지만 개인의 자질과 품성이 무척 중요한 것입니다. 민주시민이 되려면 사회 속에서 끊임없이 소통하면서 긍정과 비판 그리고 대안을 만들어 나가는 것이 필요하고, 개인적으로 사실은 끊임없이 노력을 해야 되는 것입니다. 그렇지 않고 그냥 안주하거나 또는 지나치게 하나만 강조하는 것, 즉 긍정만 강조하거나 비판만 내세운다든지, 또 대안만 주장하면서 어긋나기 시작하면, 민주를 이야기를 많이 하면서도 실제로는 어중간한 반(半)민주로 갈 수도 있고 비민주로 갈 수도 있고 또는 반(反)민주로도 갈 수 있는 것입니다. 그렇기 때문에 그 세 가지를 통합해서 인식하고 실천하는 것이 가장 중요하다고 봅니다. 민주시민이라는 것 자체가 완성 개념이 아닌 가치 추구와 실현 그리고 인격의 차원이므로 끊임없이 정진하지 않는 한 후퇴하거나 잘못될 가능성이 매우 높습니다. 그만큼 노력이 필요하다는 말이지요.

보편성과 특수성의 통합적 이해

학자들은 민주시민에 대해서 여러 가지로 설명하고 있습니다. 예를 들어 제일 중요한 것은 의사의 자기결정성이라는 이야기를 제일 많이 합니다. 그러니까 주체성이 있어야 한다는 이야기죠. 그 다음에 행위의 자기결정성 그리고 행위 결과의 자기 책임성, 이렇게 세 가지가 민주시민에게는 필요하다고 고전적으로 논의되고 있습니다.

저는 이런 학문적 성과나 여러 가지 이야기를 다 받아들이면서도 앞에서 말한 것처럼 민주시민을 생각할 때, 우리 사회의 보편성과 특수성을 통합해서 봐야한다고 생각합니다. 나라마다 민주시민의 보편적인 측면은 다 같지만 특수성이 존재합니다. 한국 같은 경우는 분단과 대결 상태가 오랫동안 지속되면서 만들어진 특수한 현상이 있습니다. 그러니까 식민지, 타의에 의한 해방, 분단, 전쟁, 민간독재, 군부독재, 이런 역사 속에서 만들어진 특성 같은 것을 이해해야 민주주의를 더욱 향상시킬 수 있는 것입니다.

특수성을 너무 강조하거나 보편성만을 주장하는 것은 옳지 않습니다. 예를 들어 5·16군사쿠데타 후에 '한국적 민주주의'란 말을 썼었는데, 그것은 자기의 정당성을, 한국적 특수성을 강조해서 주장하려고 했던 것입니다. 그러나 오히려 그것은 반민주로 가는 문을 열려고 했던 것에 불과했던 것이었지요. 또 보편성만 강조하면 실천에 있어서의 특수성을 경시하게 되니까 이 또한 안 되는 것입니다. 그걸 같이 봐야 됩니다.

이제 우리의 특수성, 한국 사람의 특수성을 이야기해 봐야 할 것입니다. 특수성이라는 것은 국민성도 아니고 정해져 있는 것도 아닙니다. 역사 속에서 배태된 특별한 것이라고 볼 수 있는 것이지요. 예를 들어서 한국 사람들이 과거에는, 그러니까 18~19세기에는 상당히 폐쇄적이고 은둔형이라고 이야기되었습니다. 서양 사람들은 보통 말하기를 '조용한 아침의 나라', '은둔국' 이렇게 보았던 것 같아요. 그런데 급격히 강제개항이 되고 식민지가 되고 그러면서 전쟁을, 그것도 국제전쟁을 치르게 됩니다. 청일전쟁, 러일전쟁, 태평양전쟁, 6·25전쟁, 이렇게 국제전쟁을 네 번이나 치르고 또 그 과정에서 엄청나게 많이 죽었습니다. 또 반봉건, 반식민지, 민주화투쟁에서 많은 사람들이 죽고 하다보니까 그 간난신고의 과정에서 생겨난 특수한 성향이라고 할까 기질 같은 게 확실히 있습니다.

6·25전쟁 이후 구체제가 급격하게 무너지면서 한국사회에서는 평등 추구가 급격하게 이루어졌습니다. 그것은 동시에 부당한 것에 대한 거부로 나타나게 되었지요. 그런 것은 좋은 점이라고 봅니다. 그런데 좋은 것이 지나치면 문제가 되는 것처럼 지나친 평등 요구는 무엇이 되는가 하면 획일적인 것과 통하게 됩니다. 그래서 한국 사람들이 자기를 억압하

고 간섭하는 것에 대해서 매우 싫어하면서도 "한국놈들은 독재를 해야 돼"라는 식으로 말을 하는 특이한 이중성 같은 것을 보이기도 합니다.

민주주의는 과정

다음으로 민주화라든지 산업화 같은 것을 빨리 성취하려고 하다보니까 엄청나게 급해졌어요. 한국 사람들의 '빨리빨리' 문화는 이미 세계적으로 정평이 나 있습니다. 그런데 이것은 좋게 기능하면 잘못된 것에 대한 빠른 시정으로 나타나지만, 제가 보기에는 나쁜 점이 더 많아요. 급하게 하다 보니까, 빨리빨리 하다보니까 실적과 결과 위주 그리고 겉모습에 집착하는 경향이 나타났습니다. 외형 위주이다 보니 기초가 약해지고, 성과위주이다 보니 과정을 무시한다거나 하는 일들이 빈번해졌던 것입니다. 그런데 이런 것은 민주주의에 상당히 좋지 않은 것으로 작용을 합니다.

민주주의는 사실은 과정입니다. 과정을 중시하면서 가치를 추구해 가는 것이 더 중요한데, 결과를 더 중시해 가지고 갖가지 문제가 생겨나고 있는 것입니다. 특히 선거 때 이런 모습이 많이 나타나고 있습니다. 따라서 보편성과 아울러 특수성을 같이 파악했을 때 민주주의를 훨씬 더 심화시킬 수 있는 것이지, 너무 하나만 강조하면 안 된다는 것을 강조해 두고 싶습니다.

민주주의의 위기

인간사회는 사로 이해관계가 다르기 때문에 모순과 갈등은 당연히 존재하게 됩니다. 또 유용한 가치는 한정되어 있으므로 이를 배분하고 조정하는 기능 또한 반드시 필요하지요. 이런 것을 넓은 의미의 정치라고 하는데, 정치의 핵심에는 권력이라는 것이 있게 마련입니다.

그런데 그 권력이라는 것이 고금동서를 통해 인류가 겪어 보니까 그래도 민중이 통제할 때 제일 괜찮더라는 것입니다. 그게 민주주의입니다. 문자 그대로 데모스크라티아(demoscratia), 즉 민중에 의한 지배가 민주주의입니다. 다수결이 민주주의가 아닙니다. 그렇다면 제일 중요한 것은 무엇인가 하면 바로 민중의 수준입니다. 권력의 생리도 잘 알아야 되지만 권력을 통제할만한 민중의 수준이 문제가 된다는 것이지요. 잘못되면 중우정치로 전락하거나 또는 정치인들이 대중추수주의가 되거나 해서 외형상으로는 민주주의인데 과두민주주의가 될 가능성이 아주 농후한 것이 인간사회라는 것을 우리는 이미

다 겪어 보았던 것입니다.

그러므로 민중의 질적 수준을 끊임없이 높이는 집단적 노력과 개인적 노력 없이는 민주주의는 위태롭습니다. 그래서 현대사회의 민주주의는 대부분 다 위태롭다고 할 수 있는 것이지요. 대통령제의 가장 대표국이라고 할 수 있는 미국의 민주주의가 얼마나 위태로운지 많은 사람들이 잘 알고 있습니다. 미국이 진짜 민주주의입니까? 그렇게 보기 힘듭니다. 미국의 민주주의는 아마 여러 각도로 이야기되고 있지만, 앵글로 색슨이 지배하는 사회이고 기독교 문명이 지배하는 사회입니다. 특히 미국은 법률가들이 지배하는 곳임을 잘 알아야 합니다. 대개 군산복합체만 걱정하는데, 미국은 법률가들이 지배한다는 것을 상당히 심각하게 보아야 합니다. 저는 우리나라에 로스쿨 이런 것 필요 없다고 보는 사람입니다. 그걸 통해서 법률가들을 양산하기 시작하면 법과 질서가 훨씬 나빠지게 됩니다. 법을 생업으로 하는 사람이 많아지면 많아질수록, 법은 더욱 정교하고 광범위하게 사람과 삶을 규정하게 되는 '숙명'이 있습니다. 다른 제도나 해결책을 연구했어야 되는 것이었는데 로스쿨 같은 제도를 도입한 것은 생각이 아주 짧았던 것이지요. 법을 업으로 하는 사람들이 지배하는 것은 사실은 민주주의가 아닙니다. 과두민주주의죠. 그리고 군산복합, 그 다음에 최근 말썽이 되고 있는 금융자본의 과두지배, 미국이 지금 그렇습니다.

의원내각제의 제일 시범국가라고 하는 영국 같은 데는 정당이 너무 낡았습니다. 우리나라 정당은 나이가 한 60년 되었는데 이것도 상당히 낡았어요. 미국의 정당들도 약 200여 년 되잖아요. 그래서 지금 문제가 생기고 있는 것입니다. 민주주의는 우리가 끊임없이 추구해야 할 가치이고 사회조직의 운영원리입니다만, 정말 반성과 성찰과 미래에 대한 전망으로 보면 상당히 위태로운 지경에 있습니다.

그러면 우리의 민주주의는 어떤지 생각해 봅시다. 대개 히틀러, 무솔리니의 나치나 파시즘 그리고 일본군국주의에 대해서는 많이 아는데, 난 요즘 더 높은 경각심을 가져야 된다고 보고 있습니다. 한국의 민주주의도 그런 점에서 굉장히 위태롭거든요.

지역 분열, 이념 갈등, 가족 해체, 이상 교육열

한국 민주주의의 현장은 우선 지역으로 딱 갈라져 있습니다. 그리고 시민이 아니라 신민의 현상을 보이고 있지요. 평소에는 분명히 민주시민이다가 투표할 때는 신민으로 바뀝니다. 강한 지역 구도가 엷어졌다고 하지만 별로 엷어지지 않았어요. 강한 지역 구도, 이게 문제입니다. 왜냐하면 강한 이념적 대결 구도 속에 지역 분열이 중첩되어 있기 때문에 걱정입니다. 분단과 분열의 역사를 잘 들여다보았을 때 그걸 극복할 수 있는 가치와 방법이 나올 텐데, 그걸 설 보아가지고 요즘의 사태가 나온 것입니다. 요새 통합진보당의 문제와 이에 대한 반응으로 증폭되는 '종북몰이'는 이런 것을 너무 교조적으로 인식해 가지고 나온 것이라고 할 수 있습니다.

설상가상으로 97년 IMF의 직접관리 이후로 전개된 본격적인 신자유주의, 양극화의 문제가 심각한 양상을 보이게 됩니다. 한국의 특수한 사례인 재벌 중심 경제로 가다 보니까 민주주의가 사회적으로나 경제적으로나 상당히 위태롭게 되었지요. 또한, 유심히 보아야 하는 것인데 사회구성의 가장 기본 단위라고 할 수 있는 가족제도가 급격하게 변동되고 있는 문제입니다. 70년대까지는 대가족이었고, 80~90년대에 급격하게 핵가족으로 그리고 2000년대에 들어와서는 초핵가족으로 가고 있습니다. 이와 같이 공동체의 기본단위가 급격하게 변화되니까 사회변동이 심해지고 민주주의도 그 영향을 받고 있는 것입니다.

이런 상황이 되다 보니 사회구성원의 대다수가 급격하게 원자화, 단자화되고 이기적으로 되어갔습니다. 변동이 급격하고 추구해야 될 가치나 목표에 대해서 불확실하게 되니까 불안해진 것이지요. 이 사회 속에서 다른 사람을 배려하고 공동체를 느끼고 이런 게 안 되니까 믿을만한 걸 찾게 되었습니다. 그러다 보니 돈밖에 믿을 게 없더란 말이지요. 그래서 모든 것이 돈벌이 제일주의로 막 치닫게 된 것입니다. 도덕성이 무너진다든지 하는 것이 다 여기에서 나옵니다.

또 하나가 믿어야 될 것은 자식밖에 없다는 분위기 속에서 과도한 이상 교육열, 병적인 현상이 나옵니다. 우리 사회에 큰 병이 두 가지인데 돈과 애들 교육이 그것입니다. 이것은 민주주의 이전에 사회의 유지, 대한민국이라는 사회를 유지하는데 상당히 심각한 이야기가 되는 것입니다. 얼마 전에 중앙일보가 "지나친 경쟁주의 교육이 아이들의 인성을 망치고 있다(2013.9.23)"고 보도했습니다. 우리나라 중학생의 인성 수준을 조사한 결과를 바탕으로 한 기사였는데, "정직·배려·자기조절 등 학생들에게 특히 부족한 품성을 키워주는 교육 프로그램을 우선 마련해야 하고, 어른들이 특히 이런 덕목에서 모범을 보여야 한다."고 조언한 어느 교수의 말을 결론으로 인용한 것을 참고하시기 바랍니다.

민주시민의 기본 소양

건전한 개인주의를 기반으로

그러면 민주시민이 무엇인지 다시 한 번 생각해 봅시다. 우선 개인주의와 이기주의를 구분해야 합니다. 민주주의는 건전한 개인을 바탕으로 합니다. 그것이 집단화 될 때 민중의 권력통제로 나타나는 것입니다.

그런데 우리 사회는 건전한 개인주의가 아니라 이기주의, 자기 중심주의가 넘쳐나고 있습니다. 남에 대한 배려가 없어요. 그것은 특히 가정교육에서 잘 드러납니다. 그걸 역사적으로 따져보면 믿을 게 가족밖에 없으니까 너만 잘되면 된다고 가르쳐 왔기 때문입니다. 그런데 이게 이기주의로 변질되었기 때문에 문제라는 것이지요. 건전한 개인주의가 중요하다는 것을 인정하는 것이 민주시민의 제일 첫출발이라고 봅니다. 집단보다 개인이 더 중요합니다. 그리고 그 건전한 개인이 모여서 건전한 집단이 되는 것이 중요하다는 것을 이야기하고자 하는 것입니다.

가끔 발현되는 건강한 집난주의도 있지만 대부분의 집단주의는 잘못 나타나는 경우가 많습니다. 특히 이념 대결 때 아주 불건강한 집단주의가 나타납니다. 그리고 학교사회에 있어서도 소규모 집단주의가 '왕따'와 같은 현상으로 나타나는데 이런 게 아주 심각해요. 그래서 건전한 개인주의를 강조할 필요가 있습니다.

그렇다면 건전한 개인주의의 바탕은 무엇일까요? 현실적으로 개인주의와 이기주의가 혼재되어 있는 것이 상당히 큰 문제라고 생각됩니다. 우선 건전한 덕목부터 생각해 봅시다. 건전한 개인주의를 이야기할 때 나오는 대부분의 것이 다 거기에 포함됩니다. 남에 대한 배려라든지 부당한 통제에 대한 저항이라든지 하는 내용이 거의 다 이야기되겠지요.

다음으로 강조되어야 할 것은 자유와 책임입니다. 건전한 개인주의라는 것은 엄밀한 의미에서는 자유라고 할 수 있지요. 그런데 이 사회가 올바르게 작동되려면 자유와 동시에 필요한 것이 책임입니다. 그만한 자유를 누리기 위해서는 그만한 책임을 다해야 균형이 이루어지겠지요. 과도한 자유와 가벼운 책임 이런 것은 안 된다는 것입니다.

셋째, 미래에 대한 바람직한 전망이나 긍정의 정신은 민주주의에 있어서 매우 필요하다고 생각합니다. 그렇지 않으면 허무주의, 비관주의 이런 쪽으로 흐를 수 있습니다. 그래서는 민주주의가 제대로 기능하지 않게 됩니다.

생명 사회의 민주주의로 인식 확장해야

그렇게 세 가지를 크게 살펴보면서 좀 구체적으로 자기 자신으로 되돌아가 보도록 합시다. 도대체 행복한 삶이라는 것을 많이 이야기하는데 행복이라는 것은 무엇일까요? 저는 늘 인간 중심의 민주주의 또는 민주화 그리고 생명 중심의 민주주의 또는 민주화를 이야기하고 있습니다. 다시 말하면 생명 사회의 민주주의, 인간사회의 민주주의라고 하는데, 진짜 행복은 인간사회의 그것만으로는 오지 않는다는 것을 우리가 인식해야 한다는 것입니다.

결국 인간은 자연의 일원이기 때문에 자연과의 올바른 관계나 자연 속에서 뭘 느끼는 것입니다. 그래서 사람들은 서울 같은 대도시의 아파트 속에서 서로 경쟁하며 서로 떠밀면서 살다가도, 휴가 때는 차를 몇 시간씩이라도 타고 어디로 가려고 합니다. 그것은 자연 속에서 느낄 수 있는 평온함이나 만족감, 심지어는 치유될 수 있다는 느낌 때문일 것입니다. 그래서 인간사회의 민주화는 우리가 끊임없이 실천하면서 더 많이 이루어 가야 되는 것이지만, 이제부터는 바탕과 지향을 생명 사회의 민주화로 했을 때 훨씬 더 행복해 질 것이라고 저는 생각합니다.

그러면 이 두 가지를 실증적으로 따져 보도록 합시다. 첫째는 인간 중심의 사회만을 보았을 때 생명 자체가 부실해지고 파괴되고 있기 때문에 인간 자체가 존립할 수 없습니다. 따라서 생명 사회를 생각해야 되는 것은 본질적으로 지극히 인간답게 살기 위한 것으로 사실은 자연스러운 것입니다.

두 번째는 실제로 자연 속으로 가면 평온함을 느끼는 것이 잖아요. 그래서 이제는 인간사회의 민주화에서 생명 사회의 민주화로 가는 존재론과 관계론을 같이 생각하는 사람이 되어야 비로소 민주시민이 될 수 있다고 생각합니다. 이상하게 한 측면이나 대척점만 가지고 이야기하는 것, 권력과 민중, 뭐와 뭐 이런 식으로 생각하는 것으로는 글쎄 반이나 담아낼 수 있을까 하고 저는 생각합니다.

민주시민을 키우는 민주시민교육이 절실하다

자, 그렇다면 이걸 실천하기 위해서 어떻게 할 것인지 생각해야 합니다. 우리가 민주시민교육이 중요하다는 이야기를 많이 합니다. 결국 민주시민이라는 것은 너와 나를 인식하고 우리의 궁극적인 가치가 무엇인데 어떻게 가면 좋은지를 논하면서 실천하는 사람을 말합니다. 그런데 너와 나에 대한 인식이 있으려면, 그야말로 존재론과 관계론에 대한 기본적인 공부를 해야 됩니다. 그게 개인에게 요구됨과 동시에 사회에 요구되는 것인데, 그런 사회교육이 과연 우리 사회에 존재하느냐 하는 것입니다. 아마 공교육에 조금 있겠지요. 그리고 가정에서도 친구와 잘 지내라고 하는 이야기 정도가 있을 뿐입니다. 현재의 가정교육, 유치원교육, 초중등과 대학교육이 근본적으로 혁파되지 않는 한 건전한 사회구성원, 또는 건전한 가치관을 가진 개인을 생산하는 것은 참으로 힘들다고 봅니다. 그래서 교육을 근본적으로 혁파해야 하는 과제가 나오는 것입니다.

우리 사회의 언론과 종교, 지식문화계는 어떠합니까? 정직하게 이야기할 수밖에 없는데, 종교계나 언론계나 지식문화계는 그야말로 저질 상업주의에 물들어 있습니다. 아주 구체적으로 이야기해 봅시다. 불교에서 높이 추앙받는 법정 스님, 성철 스님, 또 몇 년 전에 모든 직책을 내려놓고 떠난 수경 스님 같은 몇몇 분들 빼놓고 불교에 무엇을 기대할 수 있습니까? 최근 조계종 선거의 모습을 보십시오. 교회 역시 이야기할 것도 없습니다. 교회가 부동산 매물로 나올 정도니까요. 이미 상품화되었다는 것이지요.

언론은 어떻습니까? 전부 조중동 비판만 하고 그러는데, 사실 신문과 방송은 거의 다 상업주의에 종속되어 있습니다.

정도의 차이가 있지 거의 다 비슷합니다. 그런데 언론과 종교라는 것은 남을, 대중을 가르치는 기능을 수행하고 있습니다. 남을 가르친다는 것은 대단히 어려운 것입니다. 남을 가르치는 사람은 자기를 들여다보고, 상대방도 알아야 되고 세상도 알아야 되고 우주도 알아야 됩니다. 그런데 언론과 종교가 어떤 모습을 보이고 있는지는 더 이상 이야기하기가 난처할 지경입니다. 지금의 언론, 종교, 학계는 정확하게 말하면 "시장에 종속되어 있다"고 말할 수밖에 없습니다. 좀 심하게 말하면 거기에 기대서 돈벌이를 하는 것입니다.

그러면 과연 이런 상황에서 민주시민이 해야 할 일은 무엇일까요? 앞에서 끊임없이 공부를 해야 되고 자기 성찰을 해야 한다고 이야기했습니다. 동시에 올바른 언론관과 종교관을 갖고 자기가 취사선택할 수 있어야 합니다. 그래서 '예', '아니오', '더 좋은 길은 무엇인가'를 이야기할 수 있어야 합니다. 그 이야기를 정치에만 하면 안 되고 언론에도 해야 합니다. 그런데 그것을 악담하듯이 하면 안 됩니다. 깨어난 민주시민이 좋은 언론을 만들어 내는 것인데 지금 보면 서로 악담하고 끝내고 있는 수준입니다. 그리고 패거리 지어서 쫓아다니고 있습니다. 그건 우리나라 시민의 수준이 민주시민이 아니라는 것을 보여주는 것입니다.

특히 SNS판에서는 거의 저질 악담들이 설치고 있을 뿐이지 차원 높은 논의가 어디 있습니까? 대중사회와 정보화사회가 겹치면 잘못될 가능성이 높아진다는 것을 문명사적으로 봐야 됩니다. 그런데 우리 사회에서는 이걸 너무 소홀히 다루고 있습니다. 오히려 시장 기능에 있어서의 속도주의, 편의성, 이런 것만 더 강조하지 문제점은 덜 다루고 있습니다. 이야기가 나왔다가도 금방 쏙 들어갑니다. 2년 전 쯤에 휴대전화의 전자파가 건강에 매우 해롭다는 이야기가 있었는데 어느 순간에 사라졌습니다. 아무런 검증 없이 싹 사라졌어요. 그러면 누가 그런 작업을 했겠습니까? 그건 정보화 기기를 취급하는 회사가 했을 것이고, 그걸 언론이 받아들였겠지요. 이 정도로 우리 종교나 언론은 엉망이 된 것입니다.

그러므로 민주시민의 안목에서는 교육과 언론과 종교에 대해서 '예', '아니오', '더 좋은 길은 무엇인가'로 답할 수 있는 수준이 되지 않기 때문에 우리 사회가 위태로운 것입니다. 그래서 사회교육, 민주시민교육이 필요하다는 이야기입니다. 민주시민교육이 대한민국 공동체의 미래, 앞으로 이룩할 통일된 우리 한반도, 동북아 평화 공동체까지도 생각을 하고, 더 나아가 생명사회의 민주주의까지도 생각을 하려면 지금의 우리 교육은 완전히 뜯어고쳐야 합니다. 정말 민주시민교육은 전면적으로 시급히 실시해야 할 과제입니다. 그래서 이 자리를 빌어서 이렇게 이야기하고 싶습니다. 결국은 어른들이 잘해야 합니다. 어른들이 자기 집과 거리에서 마을에서 아이들의 모범이 될 수 있는 언행을 하지 않는 한 민주주의는 현장에서부터 무너지는 것입니다. 집과 거리와 마을에서 모범이 되도록 스스로 끊임없이 노력해야 되고 그것을 사회적 분위기로 바꿔나가야 됩니다.

교육자치를 제도적인 면에서 많이 이야기합니다. 특히 교육자치의 내용에 있어서 학부모와 아이들과 교사가 학교 현장을 그렇게 바꿔야 하고, 지방자치에서도 교육자치를 매우 중요합니다. 경찰자치 이전에 이런 것이 강조되지 않으면 아무 것도 되지 않습니다. 아무 것도 안 되었을 때 어떻게 됩니까? 권력에 과도한 위임과 기대를 하게 됩니다. 그 결과 파시즘 같은 것이 나올 수 있는 상황이 전개될 수 있는 것입니다. 이건 인류의 역사를 통해서 이미 경험한 것입니다. 그런 위험성이 갈수록 높아지고 있습니다. 왜냐하면, 공동체가 해체되거나 붕괴되거나 그러면서 양극화가 심해지면, 강력한 권력이 그런 것을 해결해 주길 바라는 인간의 속성, 저항하면서도 안주하려고 하는 속성이 나타나기 때문입니다. 에리히프롬이 『소유냐 존재냐』에서 상당히 중요하게 이야기한 것처럼 가학성과 피학성이 같이 존재한다는 것입니다. 상대방을 해치면서 느끼는 쾌감과 자기가 당하면서 느끼는 쾌감(sadomasochism)이라고 하는 아주 위험한 것입니다. 지금 우리 사회가 그런 사회로 갈 수 있는 내외의 조건은 많이 갖추어져 있어요. 그래서 이러한 위기를 직시하면서, 민주시민교육은 시급히 우리 사회를 바른 방향으로 향하게 하기 위해 실천단계로 들어가야 합니다.

그런데 그런 필요성들을 절실하게 느끼지 못하는 것 같아요. 정당들을 보면, 과거에는 당에 정치연수원이 있었습니다. 당8역이라고 해서 정치연수원장이라는 것도 있었지요. 그런데 지금은 정치연수원장 직책이 없어지고 전부 소위 전략전술에만, 다른 말로 하면 선전선동에만 주력하고 있습니다. 민주적인 정당의 역할을 제대로 하지 못하고 있습니다. 민주적인 정당이 아니니까 지금과 같은 현상들이 나타나고 있는 것입니다.

교육의 목표도 건전한 '민주시민 양성'이라고 말은 하지만 실천적으로는 안 되고 있을 것입니다. 그리고 교육운동을 하는 전국교직원노동조합(전교조)이라든지 한국교원단체총연합(교총) 등이 정말 민주적인지 그리고 학생들을 민주시민으로 육성하기 위해서 학교현장을 얼마나 변화시키려고 노력하고 있는지 다시 한 번 생각해 보아야 합니다. 그런 점에서는 나 자신부터 그리고 바로 우리부터 내부 민주주의가 활성화되고 있는지 먼저 반성해야 합니다.

결국, 결론은 반성과 결단입니다. 민주시민교육을 전면적으로 심층적으로 해야 한다. 그 바탕 위에서 교육을 완전히 뜯어 고쳐야 된다. 저는 이것을 교육개벽이라고 표현하고 있는 것입니다.

9장

운동가의 삶과 일하는 자세

주체역량 강화에는 창의적인 중도가 필요

운동가로서의 삶을 이야기한다고 하면, 저는 1964년 이후 지금까지 운동 현장에 쭉 있었으니까 직접 보고 겪고 하고 있는 일들을 중심으로 이야기를 할 수밖에 없습니다. 그리고 구체적으로 춘천이나 인제의 농촌 현장 또는 민주화운동 현장에 있었기 때문에 아마 녹슬지 않은 이야기라고 보아도 좋을 것입니다.

요새 운동하는 사람들이 제일 힘겨워하는 것이 미래에 대한 전망이 너무 불투명하다는 것입니다. 불투명이라고 표현하는 것은 좀 근사한 말이고 전망이 없다고 생각을 하기 때문에 대개 보면 일하는 기간이 짧습니다. 조금 있다 다른 곳으로 가고 다른 직장 찾아서 가고 그럽니다. 그와는 반대로 운동을 좀 오래 했던 사람들은 요즘 애들이 너무 이해관계에 밝다고 말합니다. 양쪽 다 그럴만한 이유가 있을 것이기 때문에 그걸 잘 분석해서 종합을 해야 되겠지요. 이것은 대안을 찾으려는 것이지 잘잘못을 따지자는 것은 아닙니다. 다시 말해 옳고 그름의 문제가 아니라는 것이지요.

결론적으로 말하면, 운동의 소선이 많이 변하고 운동의 목표나 내용이나 방법이 많이 변한 걸 인정하는 자세가 필요합니다. 선배들이나 새내기들이나 서로 자기 이야기가 맞다고 하는, 자기 중심으로 보기 때문에 대화가 잘 안 돼요. 요새 소통이라는 단어는 많은데 진짜 이야기가 잘된다고 생각하지는 않습니다. 단순히 이야기 양이 많다고 되는 게 아니라 진짜 서로 통하면 되는 것인데 그것이 좀 잘 안 되는 것 같아요.

운동을 할 수 있는 여건은 그 전보다 훨씬 더 좋아졌다고 봅니다. 그런데 그것을 잘 들여다보고 거기에 맞는 운동을 하는 것이 아니기 때문에 문제가 발생합니다. 예를 들어 상당히 이념적으로 접근한다든지 아니면 지나치게 생활 중심으로 접근한다든지 그래요. 운동이라는 것이 사실은 어떤 목표를 달성하기 위해서 올바른 과제를 정하고 갈 길을 모색하고 그걸 합의하고, 그래서 많은 사람들이 조직이 돼서 체계적으로 수행하고 그러는 것입니다. 이건 교과서적인 말인데 "문제가 있는 한 운동은 있는 것"이지요. 그러면 결국 운동을 제대로 하느냐의 문제가 됩니다. 운동을 제대로 하는지를 따지려면, 운동의 주체가 사람이기 때문에 그 사람이 올바른 자세와 관점을 가지고 있느냐를 살피는 이야기가 되는 것이지요.

또한 내외의 환경을 제대로 파악하고 있는지도 다 따져야 합니다. 그렇지만 역시 제일 중요한 것은 주체역량의 문제입니다. 언제나 주체 역량을 강화하는데 얼마나 노력을 하고 있느냐를 따져 봐야 하는데, 제가 보기에 우리 사회의 운동은 그런 점에서는 상당히 취약합니다. 주체 역량이라는 것은 정신적 역량이라든지 물질적 역량, 협동적 역량 등 여러 가지가 다 통합된 것인데, 요새 지나치게 물질적 조건을 따지는 경향이 많습니다. 그것은 우리 사회 전체의 분위기 때문이기도 합니다.

역동적이고 창의적 중도

운동가의 주체 역량을 강화하는 제일 올바른 길은 아주 역동적이고 창의적인 중도(中道)를 지향하는 것이라고 저는 보고 있습니다. 대개 중도에 대해서는 과거 유신시대 때의 정치적 환경을 보고 중도에 대한 오해들이 많습니다. 사실은 양쪽의 극단적인 것을 배제하고 가장 올바른 것을 찾는 지적 노력과 실천 행위이기 때문에 중도가 맞는 것입니다. 그런데 중도를 자꾸만 과거 유신독재 때 이철승의 정치적 행보라고 생각하는 경향이 있습니다.

운동은 이상을 실현하는 과정입니다. 그런데 그걸 현실에서 실현하는 것이지요. 그러므로 그것은 이상과 현실의 통합 과정이 되는 것입니다. 그런 것이 바로 중도입니다. 그래서 중도적 자세와 관점이 제일 중요합니다. 그런데 운동가들이 왕왕 잘못을 범하는 것이 무엇인가 하면, 중도를 이해하지 못하고 낡아빠진 것으로 생각을 하거나 아니면 오해를 하는 것입니다. 운동을 하려면 자기 정체성의 토대 위에서 동서양의 뛰어난 가르침을 적극적으로 받아들여야 합니다. 자기가 서 있는 현실을 올바르게 인식하지 못하고 남의 것을 과도하게 받아들이면 안 된단 말이지요. 특히 20~30대 때에는 상당히 뜨거운 마음을 가지고 뭘 하게 되는데, 그때 어떤 신념체계나 학문체계 또는 사고방식이 훈련되느냐에 따라서 크게 달라집니다. 그런 점에서 우리나라의 교육에 문제가 있습니다.

19세기 때 서구제국주의가 침략했을 때를 한 번 생각해 봅시다. 실제로는 논리가 변형되거나 비틀리고 또 정치사회적으로 주도가 안 되어 무너지긴 했지만, 서구제국주의가 물밀듯이 들어오니까 이에 대항해서 동양에서도 논리적인 대응이 이루어졌습니다. 우리는 동도서기(東道西器)라고 했고 중국은 중체서용(中體西用), 일본에서는 화혼양재(和魂洋材) 즉 일본의 정신을 가지고 서양의 기술을 받아들인다고 했습니다. 다 맞는 이야기입니다. 상당히 통합적이고 중도적인 이야기를 했던 것입니다.

그런데 인간사회가 힘들어서 그런 것이지만, 그런 논의가 잘 걸러지고 융합이 되고 그래서 진짜 "그렇게 하자"고 하면 되는 것인데, 그것이 방편으로 되다 보니까 잘못된 방향으로 가 버렸던 것입니다. 그것은 강조하기에 따라 달라지는 것이지요. 도(道)를 지나치게 강조하면 술(術)을 낮추게 되고, 술을 중시하게 되면 도를 무시하게 됩니다. 일본은 술을 받아들여서 성취를 한 나라인데, 소위 '화혼' 즉 도를 잘못해서 결국 군국주의로 가게 되었던 것입니다.

현실에 뿌리내린 실천

주체역량을 생각할 때는 올바른 이념과 지향, 방향 이런 것을 중심에 놓아야 합니다. 그러나 이념의 포로가 되지 말고 현실을 직시해야 됩니다. 이상과 현실을 통합하는 과정과 내용으로써 그런 중도적 생각이 생활화 되어야지 말로 하는 것은 쓸데없는 논쟁만 유발한다는 말입니다. 바로 이 점을 운동현장의 선배들이나 새내기들에게 부탁하고 싶은 것입니다. 우리나라의 학문 체계나 운동 현장에서 벌어지는 논의는 어떤 때는 서양의 논리체계만 가지고 이야기합니다. 대표적인 것이 환경운동 같은 경우인데, 거의 다 유럽의 것을 가지고 이야기합니다. 그런데 한국에서는 그것 가지고는 미흡하니까 본질을 해결하려면 생명운동으로 가야 된다는 논의가 이루어지게 되었습니다. 그래서 말들을 적절히 타협해서 환경운동연합 같은 데서는 "환경은 생명이다"라고 그랬습니다. 얼핏 들으면 그럴 싸한 것 같지만, 깊은 성찰 없는 구호입니다. 운동을 위한 논의는 상당히 깊이 있게 해야 합니다. 그리고 현실에 뿌리를 내린 실천이 중요합니다. 그걸 다시 한 번 강조하고 싶습니다.

운동이라는 것은 가장 근본적이고 절실한 것을 해결해 나가는 과정이나 내용입니다. 따라서 운동은 긍정적인 자세, 밝은 자세, 낙관적인 자세로 해야 됩니다. 운동은 어려운 것입니다. 어렵기 때문에 많은 사람과 이야기해서 같이 가야 되고 시간이 많이 걸립니다. 그런데 요새 사회는 속도 사회이기 때문에, 더군다나 우리 사회가 압축 성장을 하고 민주화운동도 압축적으로 이루어지고 하다보니까 '빨리빨리'라는 문화가 있습니다.

또 빠른 속도로 대중사회로 진입한 결과 흔히들 '어른이 없다'는 이야기들을 합니다. 빠른 속도로 대중사회가 되었다는 것은 우리 사회에서 공유할 기준이나 가치 이런 것이 빠르게 속화되었다는 것을 의미합니다. 그래서 웬만한 인물이나 사건 같은 것은 별로 알아주지 않는 것입니다.

80년대 후반기부터 급격하게 정보화 사회가 되다 보니 그야말로 정보가 넘쳐나게 되었습니다. 그러나 솔직히 이야기하면 올바른 지식으로 길라잡이 되지 않은 정보는 많을수록 해롭습니다. 그런데 우리 사회는 지식의 두께가 얇습니다. 그래서 청문회에서 늘 베껴먹기가 말썽이 되고 그러는 것입니다. 어떤 논문을 보면 자기 이야기는 별로 없고 전부 인용한 것이 대부분인 경우도 있습니다. 그것은 섭렵을 많이 했다는 장점이라기보다는 깊이 있는 학문적 자세가 별로 없다는 표현입니다. 하여튼 올바른 지식으로 길라잡이 되지 않은 정보화 사회는 상당히 위험합니다. 수단과 방법에만 치우치고 그렇게 됩니다.

대표적으로 익명성이 문제 되는 SNS, 몇 년 전부터 등장했던 민주당 전당대회의 모바일 투표를 통한 후보 선출 그리고 요즘 자살하는 수많은 사람들을 보란 말입니다. 정보화 사회의 부정적인 모습을 극복할 수 있는 지적 능력과 지혜의 문화가 요구되는 것이지요. 인터넷에 묻혀 사는 사람들에게 인생은 가상현실과 현실이 섞여서 구분이 잘 안 되는 것입니다. 그래서 인생을 게임처럼 쉽게 리스타트(restart)할 수 있다고 생각합니다. 키보드를 눌러서 다시 살 수 있다고 생각하는 것이지요. 요새 20대 자살자의 특징이 유서를 남기지 않는 것이라고 합니다. 대신 뭔가 다른 방법으로 자신의 신호나 표시를 남긴다고 하는데, 예를 들면 승강기의 단추를 다 눌러놓는다든지 하는 식으로 말입니다. 삶이라는 것을 스쳐지나가는 영상 같은 것으로 생각하기 때문에 깊이가, 넉넉함이 부족합니다.

압축 성장, 급격한 대중사회로의 이행, 정보화 사회로의 급격한 변화가 우리나라처럼 급격하게 이루어진 데가 없는데, 90년대 초에 이 세 가지 흐름이 합류하게 됩니다. 그 때 우리가 꼭 했어야 했던 두 가지가 있었습니다. 하나는 민주주의의 토대와 내용을 튼튼히 하는 일 그리고 다른 하나는 기본을 중시하는 운동을 전개하는 것이 그것입니다.

과도하게 성장 중심, 개발독재로 치달았으면서 모순이 심해지니까 그것이 민주화에 있어서는 노동자 세력의 조직화와 다양한 정치세력화로 나타났고, 정치적으로는 지방자치의 흐름이 나오게 됩니다. 그런데 민주주의의 토대와 그 내용을 튼튼히 하는 데는 상당히 소홀했습니다. 외형적으로 드러나는 정치적 민주화는 이야기했지만 경제적 민주화 이런 것은 별로 이야기하지 않았습니다. 90년대에 민주화의 내용을 충실히 하려고 하는 노력이 약간 있기는 했지만, 어느 정당도 제대로 안 했다고 봅니다.

그러다가 대자본 대기업 즉 재벌 중심의 경제를 개혁하는 과제를 해결하지 못한 채 준비 없이 세계화를 호언장담하다 IMF사태가 왔습니다. 87년 6월민주항쟁 이후, 88년 여소야대 정국 이후에 우리 사회의 과제는 실질적인 민주화와 대자본 중심의 독점구조를 개혁하는 것입니다. 그것에 주력하면서 남북관계 개선으로 갔어야 했습니다. 그런데 그것에 힘을 쓰지 않으면서 어떤 정권은 남북관계에 중점을 둔다든지, 또 어느 정권은 남북관계는 조금 이야기하다가 아예 안 해 버린다든지 했습니다. 그때 제대로 하지 못한 후유증이 쌓여서 지금 이렇게 심각한 상황이 되었습니다. IMF 이후로는 급격하게 이른바 신자유주의 정책이 강화되어 돈벌이 제일주의가 더욱 심화됩니다. 글로벌 스탠더드라는 이름으로 사실은 안팎의 거대 자본이 모든 것을 지배하는 상황이 된 것입니다.

극복하지 못한 우리 운동의 과제들

그렇다면 그 때 운동은 어떻게 되었어야 했을까요? 무엇보다도 기본을 중시했어야 합니다.

6월민주항쟁 이후에는 많은 논의들을 해서 기동력 또는 쟁점 중심, 사무실 중심, 중앙 중심 운동을 극복했어야 했습니다. 쟁점을 경시하면 안 되지만 그러나 이슈보다는 생활중심으로 가야 되고, 이념보다는 가능하면 공동체 중심으로 간다든지, 기동력 중심보다는 과정 자체를 중시한다든지 하는 방향으로 갔어야 했습니다. 당연히 중앙 중심에서 지역 중심으로 가야 했지요. 그런데 그렇지 못하고 90년대 초에 '과도하게' 민족문제 중심으로 갔고, 그것이 지금도 후유증이 심하게 남아 있는 것입니다. 예를 들이 노동운동도 NL, PD 이런식으로 갈라지잖아요. 80년대 후반기에 운동권이 분열되어 호기를 제대로 활용을 못했으니까, 그래서 반작용으로 더 통일운동 중심으로 가게 된 경향도 인정해야 할 것입니다. 반드시 변화해야 할 것을 안 하거나 덜 하고 '과도하게' 민족문제 중심으로 갔다는 말입니다.

그리고 1989년 경실련을 시작으로 등장하게 되는 시민운동은 그 당시에 요구된 이런 것을 근본적으로 해결하려는 운동이라기보다는 조건의 변화에 따라 방법만 바꾼 운동을 전개하게 됩니다. 기본에 충실한 운동이 되지 못했기 때문에 시민운동이 진정한 시민운동이 안 되었고, 민족민주운동도 대중에 뿌리내린 민족민주운동이 안 되었지요. 그러면서 과도하게 정치화되고, 실제로 상당수 많은 사람이 정치 쪽으로 이동하게 됩니다. 그리고 현실 정치를 잘 했으면 문제가 덜 생기는데, 몇 명 빼놓고는 그렇게 잘했다고 평가되지는 않습니다.

과거 독재정권 하에서는 국민들이 운동을 마음속으로 지지하고 신뢰를 해 주었지만, 언론의 자유와 함께 열린 공간에서 보니까 이제는 운동도 별거 아닌 것처럼 되었습니다. 운동이라는 것이 어려움을 겪더라도 보람을 느끼면 생활이 좀 어려워도 할 수 있는 것인데, 보람은 내려가면서 돈은 조금 받고 남은 알아주지 않고 또 미래에 대한 전망은 별로 없고 그러니까 "내가 이것 하면 뭐하냐" 하는 심정이 된 것입니다. 과거 70~80년대에는 소위 투신이라는 말을 사용하면서 정말 인생의 결단을 하고, 기득권을 마음으로부터 포기하면서 많은 우수한 사람들이 운동 현장으로 갔었습니다. 그런데 지금은 그보다는 고시, 의대 그리고 정치 쪽으로 가다 보니까 운동의 질적 역량이 많이 떨어졌습니다. 이건 우리 사회 전체의 문제이기도 합니다. 대학에 진학하는 우수한 사람들이 의대와 법대에 많이 가는 사회는 올바른 사회가 아닌데, 우리 사회가 그렇게 되어 버렸습니다. 과거에도 좀 그랬지만 2000년대 들어와서는 압도적으로 고시와 의대 쪽으로 확 쏠리고 있습니다. 그런 조건 속에서 운동이 전개되다 보니 보람은 못 느끼고, 이익은 별로 없습니다. 그러다 보니까 솔직한 이야기로 이직률이 높아지고 근무연수가 아주 짧아지게 되었거든요. 그것이 지금까지 나타난 현상이고 원인입니다.

어떻게 운동할 것인가

이제부터는 당부의 말을 하도록 하겠습니다. 운동은 그 사회가 갖고 있는 가장 근본적이고 절실한 문제를 해결하는 인간의 사회적 실천행위입니다. 그렇기에 운동은 사실 기본적으로 고상한 것입니다. 그래서 성찰이라는 말로 표현하기도 하는데, 운동하는 사람은 가끔씩 정말로 인생의 근본이나 사회의 근본, 존재와 관계에 대해서 깊이 생각을 해 봐야 됩니다. 그러면 운동에 대한 열정이 상당히 많이 나오리라고 보고, 변질이 덜 된다고 봅니다.

근본과 절실함에 대한 모색

첫째, 근본과 절실성을 가끔씩 혼자 또는 여럿이서 모색하고 의논하면, "비록 어렵지만 이건 참뜻이 있는 것"이라는 것을 확인하게 되는 것이고 그러다보면 주위 사람도 도와주게 됩니다. 방편으로 생각하면 안 되는 것이지요. 그냥 필요하니까 모금하고 그러는 것은 일시적인 것입니다. 과거에 어려운 시절에도 그랬습니다. 운동한다고 하면 선후배들이 돈을 걷어서 주고 그랬었습니다. "우리는 운동을 못하고 월급을 타니까 네가 열심히 해라" 그러면서 말입니다. 돈 때문에 그런 것은 아니지만 지금도 근본적이고 절실한 것을 자기가 모색하고 주위 사람들과 공유하고 그러면 돕는 분위기가 살아날 것입니다. 그런데 지금의 방식과 자세로 하는 운동에 대해서는 회비, 성금 이런 것은 내지만 진짜 마음으로 "이 친구가 일을 하도록 우리 십여 명이 이렇게 해 주자" 이런 마음이 생기지는 않는 것 같아요. 그래서 근본을 되돌아볼 필요가 있습니다.

대중과 알고 친해지기

두 번째 역시 늘 하는 이야기이지만 운동을 잘하기 위해서는 대중을 잘 알아야 합니다. 그리고 친해야 됩니다. 그런데 지금의 시민운동에 진짜 대중의 생활조건이나 마음을 이해하고, 진짜 친한 사람들이 얼마나 있냐고 묻고 싶어요. 진짜 그런 사람들이 많아야 대중운동이 됩니다. 왜냐하면 스스로 자기가 그것을 아니까요. 그런데 대중이 요구하는, 가려워하는 것을 긁어주고 그런 것을 잘 조직해서 소위 성공한 운동이 몇 개 있기는 합니다. 그러나 그것은 일시적인 것이지요. 그것은 대개 개선이나 개량, 좋게 이야기하면 자선운동입니다.

운동은 보다 근본적입니다. 운동은 근본적으로 이야기하면 변혁입니다. 그래서 저는 변혁적 관점에서 이야기하는 것입니다. 정치는 대중에게 싫은 소리를 못하지만 운동은 대중에게 싫은 소리도 할 수 있는 것입니다. 그런데 엄밀히 보면, 현재의 운동은 그런 이야기를 대중들에게 하지 못합니다. 대중은 늘 옳고 정치, 지배자본, 독점자본만 늘 틀려먹었다고 이야기합니다. 실제로 우리 자신은 어떻습니까? 진정한 역량을 가진 핵심 대중을 키워야 주체역량이 커지는데 그 노력을 정말로 하고 있을까요? 제가 보기엔 잘 안 한다고 봅니다. 너무 쉽게 넘어가려고 하지요. 그래서 '시민 없는 시민운동'이라는 말이 나오는 것입니다.

그리고 앞에서 사무실 운동이 아니고 생활 중심, 공동체 중심으로 가야 된다고 이야기했지만 그를 위한 노력도 그다지 보이지 않습니다. 무슨 사안에 대해 항의할 때도 시민대중이 직접 나오는 경우는 매우 드물어요. 촛불집회 같은 데는 시민이 나옵니다. 하지만 팻말 들고 하는 것은 거의 다 실무 역량이 동원되고 있습니다. 그러니까 이런 것 역시 깊이 생각해야 합니다. 운동가들도 "이게 뭐냐"라고 생각하게 돼요. 대중과 함께 갔을 때, 함께 팻말을 들었을 때 서로 대화도 되고 그러는 것이지, 실무자들끼리 가서 하는 것은 뭐냐 이겁니다. 물론 안 하는 것보다는 그렇게 항의를 해서라도 문제를 환기해야 하니까 하는 것이지만, 그게 진짜 대중운동 방식은 아니지요. 그래서 문자 그대로 대중을 올바로 이해하는 것이 필요합니다. 진짜 그들의 생활조건과 마음 씀씀이를 아는 것, 그래서 친한 사람들이 많아져야 합니다.

요새 협동조합이 드디어 천 개를 넘어섰다고 합니다. 협동조합 조직 이것도 백여 명이 넘으면 대중조직이라고 봐야겠지요. 협동조합이 잘되려면 정말 가장 올바른 조합으로 만들어야겠다는 생각을 가진 핵심이 일곱 명은 있어야 됩니다. 일곱 명은 아무 부담 없이 서로 이야기할 수 있는 인간관계

아닙니까? 그리고 그것을 제대로 하자는 이야기를 공유할 수 있는 것은 150명 정도입니다. 그리고 한 300명만 넘으면 벌써 어쨌든 소통이 덜 되고 소외현상이 생기기 시작합니다. 그래서 좀 올바른 협동조합을 하는 곳에서는, 예를 들어 과거에 몬드라곤 같은 곳에서는 500명 이상 되면 새로 살림을 내고 그랬습니다.

우리 같은 경우에는 대략 300명 안팎이 좋다고 생각합니다. 그래야 내부 민주주의도 되고 하는 것인데, 지금 우리의 협동조합은 너무 커요. 너무 커 가지고 물적 협동은 많이 되는데 인적 협동이 덜 되고 그러거든요. 양적으로 크면 좋지요. 일하기도 편하고 돈도 많이 생겨서 월급도 많이 받고 그래서 좋긴 합니다. 그러나 진정한 협동조합으로 가는 데는 상당히 문제가 돼요. 조합원이 10만 명이라고 하면 그 10만 명을 진정한 협동조합 운영원리에 맞게 운영할 수 있는 조직형태를 강구해야 되는데 그런 걸 안 한단 말이지요. 그런데 그것은 변혁의 주체로서의 대중을 잘 모른다는 이야기와 연결됩니다.

공부하면서 반성한다

세 번째는 첫 번째 이야기한 것과 연관이 되겠지만 진짜 공부를 해야 됩니다. 저는 운동으로 별로 이름난 사람은 아니지만, 첫 감옥을 갔다 온 지 벌써 49년이 되었습니다. 지나온 일을 되살펴 보면 역시 여러 가지 고비가 있었습니다. 그래도 그것을 극복해서 더 나아갈 수 있었던 것은 두 가지 때문이라고 생각합니다. 하나는 어떻든 많은 풍파를 겪으면서도 그래도 스스로 놓지 않고 열심히는 아니지만 공부를 한 것이고, 또 하나는 "아 내가 이런 것을 잘 못하는구나" 하는 반성을 많이 한 것입니다.

운동은 대개 객관화를 중시하기 때문에 평가 위주로 하는데, 저는 반성 없는 평가는 아주 위험하다고 생각합니다. 운동은 사회를 변혁하는 과정임과 동시에 개인도 변화되는 과정입니다. 다시 말해 사람이 되어가는 과정인 것입니다. 그래서 그 두 가지가 같이 가지 않으면 운동이 제대로 안 됩니다. 또한 놓쳐서는 안 되는 것이 무엇인가 하면 현장에 가까이 가는 개인의 노력입니다.

현실 파악을 잘해야

그리고 네 번째는 현실 파악을 잘해야 한다는 것입니다. 예를 들어 제가 참여했던 운동 중에 양적으로 가장 성공했다고 할 수 있는 것이 우리밀살리기운동이라고 볼 수 있습니다. 그때가 91년인데 그때 우루과이라운드가 막 진행되면서 "WTO

가 되면 큰일난다"고 그랬던 상황이었지요. 그래서 현실 파악이 중요한 것인데, 그때 '우리농산물살리기' 그랬으면 안 되었을 겁니다. 목표를 딱 하나로 분명히 해가지고 하니까 대중들이 "아, 그거"라고 이해할 수 있었다고 생각합니다. 어쨌든 16만여 명이 38억 5천만 원을 출자한 운동이 가능했다는 것에 대해서는 잘했다고 생각하고 있습니다. 당시에 바르게 현실 파악을 해서 정확한 목표를 제시하고, 대중이 참여하기 쉬운 방법을 제시했기 때문에 그렇게 된 것입니다. 물론 열심히 했지요.

운동은 근사한 일

이와 같이 반성과 대중에 대한 이해, 공부 그리고 현실 파악 이렇게 네 가지를 잘하면 운동이 왜 어렵겠습니까? 그래서 후배들, 실무자들에게 이야기를 할 기회가 있으면 "운동은 내가 보기에는 쉬운 것"이라고 말합니다. 운동할 때 인상 쓰고 머리띠 매고 그러는 것은 필요할 때만 해야 합니다. 그런 운동은 즐겁지 않기 때문에 오래가지 못합니다. 그런데 대중과 함께 가면 즐거운 마음이 생깁니다. 왜 즐거운 마음이 생기는가 하면 같이 하는 사람들, 즉 대중들이 운동을 통해서 변화되는 것을 볼 수 있기 때문입니다.

며칠 전에도 이런 일이 있었어요. 우리 옆 마을에 5년간 50억이 투입되어 무얼 한다는 거점개발계획이 나왔는데 그 내용이 너무 돈 중심, 과거 중심이라서 제가 추진위원들에게 이런 이야기를 했습니다.

"운동이 앞으로 나갈 생각을 해야지 왜 뒤로 돌아갈 생각을 하느냐? 사람에게 돈이 쫓아오게 해야지 사람이 돈을 쫓아다니면 되겠느냐? 이 과정을 통해서 천도리 주민 1,200명이 좀 더 똑똑하고 훌륭한 사람이 되면 이 개발계획은 성공하는 것이고, 페인트칠하고 간판이나 몇 개 바꾸고 조각상 몇 개 세우고 그래 봐야 그건 실패다"라는 내용이었습니다. 결국 추진위원들이 저에게 교육을 받기로 했습니다. 네 번을 교육 한 다음 다섯 번째는 사업계획을 함께 다시 세우기로 했습니다.

50억을 들여 5년 동안 사업을 하는데 주민교육비가 8천만 원밖에 안 돼서 그래서는 안 된다고 했어요. "사람이 우선 뭘 알아야 될 것 아니냐"고 하면서 교육비가 10%는 되어야 된다고 그랬습니다. 시골에서 1,200명에게 4~5억 투입해서 5년간 교육을 한다고 생각해 봅시다. 엄청나게 바뀌게 되겠지요. 그런데 이런 이야기들을 하는 것도 처음에는 힘들어요. 그런데 서로 이야기가 되어가지고 몇 사람이 "그렇게 해 보자." 그래서 이렇게 시작이 된 것이란 말입니다. 이것이 한

순간에 된 것이 아니고 몇 년간의 노력이 있었기 때문에 가능했던 것입니다.

이런 과정을 통해서 사람들이 변화되는 모습을 볼 때 보람을 느끼게 되는 것입니다. 저는 동네 사람들에게 구체적으로 이야기합니다. 돈을 벌면 평화생명동산에 기금을 내야 된다고 말합니다. 대중들에게 돈 이야기를 쉽게 할 수 있는 사이가 되어야 합니다. 돈 버는데 왜 돈을 내지 않느냐고, 사람이 돈 안 내면 안 된다고 이야기할 수 있는 사이가 되어야 세상이 바뀌는 것입니다. 말로는 신자유주의를 비판하고 우리 내부끼리만 돈 이야기를 하고 그래서는 안 되는 것입니다. 그렇게 했을 때 무엇인가 조금씩 되는 것이고 보람을 느낄 수 있는 것입니다.

지방자치단체나 중앙정부가 맹성을 해야 될 것 가운데 하나가 시민운동이나 풀뿌리운동을 도와주는 일을 소홀히 하고 있는 것입니다. 특히 사회운동을 하는 단체의 사무실은 NGO 회관을 제공한다거나, 회관이 안 되면 너무 까다롭게 하지 말고 일정하게 조건만 어느 정도 충족이 되면 사무실 유지비는 기초자치단체 조례를 통해서 지원한다든지 해서 운동을 바른 방향으로 활성화시킬 필요가 있습니다. 실질적으로는 보조를 해주면서도, 자기 통제범위 안에 들어오게 해서 정치적으로 써 먹거나 그러지 말고 사회적으로 쓰자는 것입니다.

촛불집회 때 고위층을 만나서 그랬어요. "시민단체라는 게 정부를 욕하고 그러니까 싫겠지만 그렇게 보면 안 된다. 원래 운동이라는 것이 종교와 비슷해서 빛과 소금의 역할을 하는 것인데 지금 시민운동은 소금의 역할을 하고 있는 것이다"라고 말이지요. 그런데 소금을 뿌리면 아리다고 해서 이걸 때려 잡거나 필요한 것만 도와주고 그러면 제일 먼저 손해 보는 것이 집권세력입니다. 왜냐하면 썩지 말라고 소금을 치는데, 소금 치는 세력을 도외시하고 자기들이 잘한다는 세력만 끌어안고 가면 자기가 먼저 썩어 버립니다. 그러니까 시민운동은 그렇게 좀 귀찮지만 "날 안 썩게 하려고 귀찮게 하는구나" 그러면서 그걸 도와줘야지요.

지방자치단체나 중앙정부는 사회적 관점에서, 사회를 건강하게 만들기 위한다는 점에서 시민운동을 도와줘야 됩니다. 자기 걸로 흡수하려고 하면 안 됩니다. 그러니까 이명박정부는 잘못한 것입니다. 종북이니 뭐니 분류해 가지고 통제를 했어요. 또 시민운동을 일시 활용하려고 했던 노무현정부도 썩 잘한 것은 아닙니다. 뭐든지 자기편으로 만들려고 하면 곤란합니다. 그러지 말고 담담하게 도와주고 그래야지요. 권력의 세계와 운동의 세계는 다른 것입니다. 그걸 이해하는 것이 중요합니다.

기본적으로 시민운동은 자구 노력을 해야 됩니다. 자구 노력은 이렇게 해야 되겠지요. 농민운동을 한다고 하면 모두 다 농사를 지으면서 할 수는 없습니다. 연구도 하고 조사도 하고 그래야 하니까요. 그러면 회원인 농민들이 돈을 내야 됩니다. 그러나 그런 직업적 운동가는 될 수 있으면 소수로 하고 상당수는 반 상근이 되어야 한다고 봅니다. 자기가 농사를 짓던지 농업과 관련된 협동조합을 하든지, 아니면 가공을 하던지 그래 가지고 자기 생활의, 자기 활동비의 30%라도 벌어봐야 대중하고 이야기가 되는 것입니다.

　지난 시기에는 거의 투쟁이 8할 정도 되니까 많은 농사를 지을 수 없었지만, 지금은 투쟁보다는 건설이 더 많으니까 그걸 할 수 있어요. 사실은 운동과 관계된 업을 실제로 해서, 많이는 못하지만 2~3할이라도 해서 돈을 좀 벌어 봐야 된다고 봅니다. 그리고 나머지는 대중이 성금을 내거나 해서 부담하게 하는 식으로 자금에 대한 장기계획을 세워야 됩니다. 그렇지 않고 전부 성금과 회비에만 의지하려고 하는 것은 높은 시민의식이 있을 때나 가능한 것입니다. 그런데 우리는 아직 그렇게 높은 수준의 시민의식이 있는 사회는 아니잖아요. 그러니까 그걸 직시하고, 돈벌이 이런 것도 그렇게 조직적으로 장기계획을 세워서 하면 이게 결코 그렇게 어렵지는 않다고 봅니다.

저는 운동이 진짜 근사한 일이라고 봅니다. 속된 말로 좋은 일 하면서 대우 받으면서 하는 것이기 때문입니다. 과거에는 역사에 참여한다는 상당한 사명감을 갖고 그랬었습니다. 생활이 좀 어려워서 그렇지 좋은 일을 하면서 생활을 할 수 있는 것이기 때문에 올바른 자세를 가지고 임하면 점점 더 좋아지리라고 봅니다. 단, 너무 편하게 운동하려고 해서는 안 됩니다. 결국 운동은 사람과 하는 것이기 때문에 얼마나 좋은 사람을 많이 만나고 좋은 사람을 얼마나 많이 조직화하느냐가 핵심입니다. 좋은 사람을 많이 만나고 조직화가 되면 그 운동은 성공하는 것이지요. 그러려면 자기 스스로가 좋아져야 합니다. 너무 방법에 치우치거나 이름만 날리려고 하는 것은 경계해야 합니다.

일하는 방법과 자세

제가 지금 종사하고 있는 DMZ 평화생명동산의 내부지침은 창립총회 때 우리 조직의 방침을 밝힌 것인데, 우리 실무자들에게 강조하고 있는 것이기도 합니다.

첫째, 작고 유능하고 민첩한 조직을 만든다. 쉬운 이야기로 일당백으로 가자는 말입니다. 돈은 없지만 진짜 일을 많이 해야 됩니다. 그러기 위해서는 작고 민첩하고 유능해야 됩니다. 사람이 그래야 됩니다.

둘째, 주민을 중심에 놓고 실천한다. 늘 주민을 중심에 놓고 사고를 하는 것입니다.

셋째, 이웃 단체와 함께 한다. 이 말은 다른 단체와 연대하는 것을 이야기하는 것이 아닙니다. 말이 다른 것이지요. 이웃 단체와 함께 한다는 것입니다. 대개 연대는 타 단체와의 연대라는 사고가 있기 때문에 실질적인 연대가 잘 안 되는 것입니다. 그래서 이웃 단체와 같이 한다고 생각하면 돼요. 마음을 그렇게 써야 된다는 것입니다. 그래서 어떤 때는 이웃 단체가 중심이 되고 자신은 보조적인 역할을 할 수 있고 그런 것이지 어떻게 늘 자기가 중심이냐 말입니다.

마지막이 중요한데, 넷째, 공을 이루면 그 공을 대중과 자연에게 돌린다. 물론 공을 이루려면 한없는 세월이 필요하겠지만, 그래도 그런 자세로 해야 합니다.

이 네 가지를 써 놓았습니다. 왜냐하면 초심을 유지하려면 그런 올바르고 강한 마음가짐이 있어야 되거든요. 제가 거기에서 손을 떼거나, 물론 뭐 여러 가지 형태로 일을 할 수 있으니까 손을 떼지는 않겠지만, 내가 죽고 나서라도 그런 초심의 자세는 필요한 것이라고 생각합니다. 그러나 매달리지 말고 그것을 바탕으로 더 발전하라는 이야기입니다.

그래서 지금 운동을 하고 있는 사람이나 앞으로 운동을 하고자 하는 사람은 이렇게 생각하면 좋을 것입니다. "운동은 참으로 좋은 일이다. 좋은 일을 하면서 자기의 생활이 되고 개인 발전도 되고 사회변혁도 일어나는 것이기 때문에, 정말 좋은 마음으로 신나는 자세로 하면 어려움을 능히 돌파할 수 있다"고 말입니다.

저는 다음에 태어난다면 운동을 또 할 것입니다. 물론 다음에는 운동을 더 잘할 수 있다고 생각합니다. 과거를 반성하면서 하게 되면 더 잘할 수 있는 것이겠지요. 그리고 지금도 죽을 때까지, 이건 진짜 건방진 이야기가 아니고 물론 제 수준에 맞게 하겠지만, 저를 되돌아보면서 젊은 사람들과 함께 즐겁게 운동을 할 수 있다고 생각합니다. 그런 생각을 할 수 있는 것은 자신감이 아니라 제 마음을 그렇게 가지니까 어느 정도 가능하다고 생각합니다.

참된 지도력이란

일(운동)이라는 것은 사람과 사람 사이에서 시작되고 전개되는 것이니까 쉬운 말로 하면 자기도 잘해야 되고 남도 잘해야 되는 것입니다. 운동을 잘하기 위해서는 지도력이 있어야 합니다. 지도력이라는 것은 '앞서 가면서 함께 가는 것'이라고 할 수 있습니다. 앞서만 가도 안 되고 또 함께만 가도 안 되고, 함께 가는데 조금 앞서 가는 것이지요. 어떤 집단이나 조직이 달성할 목표를 향해서 조금 앞서 가면서 함께 가는 자세와 능력이 지도력입니다.

우선 자기 자신이 잘해야 하는 것이니까 자기 이야기부터 해 봅시다. 제일 피해야 할 것이 무엇인가 하면, 이게 힘든 이야기인데 사람은 누구나 욕심, 욕망은 다 있어요. 그래서 무작정 "욕심을 버려라" 하는 식으로 이야기할 수 없다고 봐요. 그것은 우리가 개인적으로 노력해야 부분이기도 합니다.

운동할 때는 명예욕이 제일 어려운 문제인 것 같습니다. 명예욕에서 다 발생하는 것인데, 자기를 알아주지 않으면 화가 난다든지 상대방을 막 까 내린다든지, 말로는 그렇지 않은데 속마음으로 그런단 말입니다. 명예욕은 특히 지배욕과 연결이 되어 있어요. 그래서 유명세를 탄 사람들이 대중 매체에서 자주 안 다루어주면 신경질을 내고 불안해하고 하는 사람들이 의외로 많습니다.

그런데 명예욕을 극복하는 방법은 있어요. 함께 일하는 사람들이 '똑똑하고 훌륭하게 되도록' 자기가 조력을 하면 명예욕이 많이 없어진다고 봅니다. 그렇지 않고 같이 일하는 사람들이 늘 지도를 받게 되고 자기보다 지적으로 너무 모자라면 명예욕이 상당히 고착화돼요. 그래서 운동가는 구성원들이 똑똑하고 훌륭하게 되도록 노력해야 됩니다. 그래서 무엇이 필요한가 하면, 자기가 하는 것, 경험한 것을 일부 숨겨놓고 이야기하고 그러는데 그걸 다 주려고 하는 마음이 중요합니다. 소위 시장에서 이야기되는 지적재산권 이런 것을 저는 부정하는 사람입니다. 지적재산권이라는 것은 동서고금의 역사 속에서 축적된 것을 자기가 학습해서 써 먹게 될 만한 것을 가지고 있는 것 정도입니다. 지적재산권이 시장에서 맹위를 떨치는 것처럼, 진짜 알려줄 거 안 알려주는 사람이 많습니다.

그리고 거기에 연결된 것이 지배욕, 특히 대중들이 자기를 알아주지 않으면 화가 나고, 더군다나 옳은 이야기를 하는데도 안 알아주면 정말 화난단 말이지요. 그때 어떻게 하느냐 하는 것입니다. 그건 제가 보기에 상호작용인데 대중한테도 이런 게 필요합니다. 이 사람이 훌륭한 사람이면 대우를 해 줘야 합니다. 우릴 교육시켜 줘서 고맙다고 이야기하고 그래야 합니다. 우리나라 대중들은 서양하고 약간 다른 것 같습니다. 서양이나 일본 사람들은 남을 배려해서 칭찬하는 반응을 적극적으로 하는데, 우리는 그냥 속으로만 고마워하고 대충 넘어갑니다. 그러나 대중도 그런 반응을 보여야 합니다. 고마

우면 고맙다고 해야 합니다.

끊임없이 줄이고 떠나야

다음으로 자신이 노력을 해야 합니다. 제 방식으로 말하면 "끊임없이 줄이고 끊임없이 떠나야 된다."고 봅니다. 이런 이야기를 해 봅시다. 그 사람이 한평생 운동을 했다. 참 훌륭한 사람이다. 그런데 똑같은 일을 한평생 하는 것은 아니잖아요. 끊임없이 운동을 하다보면, 어느 정도 성취가 되는 경우가 꽤 있습니다. 유명해지면 강연도 해달라고 불러주고, 강사료도 받고 글도 쓰고 그러다 보면 자기 성취가 어느 정도 이루어집니다. 다수가 그렇지는 못하지만 일부 사람들은 돈도 생기고 그러지요. 그런데 계속 자기가 축적을 하고 성취를 하게 된 다음이 문제입니다. 그걸 완전히 사유화해 버리는 것입니다. 그렇게 된 것이 자기도 노력했지만 여럿이 같이 한 결과물이지 자기가 잘 나서 그렇게 된 것은 아니잖아요. 모든 게 서로 연관이 돼서 일어난 것이고 결과적으로도 그렇게 되었다고 생각하는 것이 상식적으로 제일 중요하다고 봅니다. 대중이 그만큼 일하는 것을 알아주었고 따라주었기 때문에 그렇게 된 것이지, 대중이 따라주지 않았으면 자신이 그렇게 되었을 수가 없는 것이지요. 그러니까 "성취라는 것은 여럿이 만든 산물"이라는 것을 알아야 됩니다. 이게 무지하게 중요한 것입니다. 대중운동 하는 사람의 가장 기본적인 자세가 그렇게 되어야 된다고 봅니다.

그래서 자꾸만 자기 것을 덜어내면서 자꾸만 떠나야 됩니다. 그게 무슨 말인가 하면, 성서에서는 낮은 곳이라고 이야기했지만, 현장으로 가야 합니다. 노자 같은 사람은 그걸 물로 표현했지요. 노자 사상에서는 비유를 물로 많이 합니다. '상선약수(上善若水)'라는 말이 있는데 아주 좋은 것은 물과 같다는 뜻입니다. 물이라는 것은 모든 것을, 생명을 키우면서 다른 것과 싸우지 않고 적응해 가면서 끊임없이 밑으로 간다고 노자가 이야기했어요. 저는 그런 것을 제일 중요한 자기의 방향이나 자세로 해야 한다고 봅니다. 자꾸만 현장으로, 현장으로 가야 하는 것이지요.

그런데 대개 성취하면 더 위로 가려고 합니다. 그런데 그것이 전적으로 나쁘다는 뜻은 아니지만 그것은 운동을 망치기 십상이라고 봅니다. 운동이 성공하려면 저변이 넓어지고 대중화 되어야 하고, 그렇게 되려면 밑으로 내려가서 많은 대중과 만나야 합니다. 어느 정도 성취했다고 위로 가려고 하는데 그곳은 무척 좁은 곳입니다. 자리가 몇 개 안 되기 때문에 운동과는 정반대의 사고를 해야 성취가 되는 것이지요. 그래서 운동했던 사람이 정치권에 가서, 제대로 적응하지 못하거나 경우에 따라서는 기득권자보다 더 이상하게 되는 사람이 있는 것은 바로 그 생리 때문에 그렇습니다. 마키아벨리가 그랬잖아요. 도덕성이 중요한 것이 아니고 도덕성이 있는 체하면 된다고 말입니다. 속성과 논리가 그렇게 다른 것입니다. 그래서 운동을 잘하려면 끊임없이 자기를 덜어내면서 현장으로 즉 밑으로 가야 된다는 교과서적인 이야기를 합니다.

공부와 실천의 방법

그러면 구체적으로 일을 할 때 대중을 어떻게, 함께 일하는 사람을 어떻게 똑똑하고 훌륭하게 만드는데 조력할 것이냐 하는 것입니다. 즉 좋은 뜻을 공부시켜야 되는 것이지요. 그래서 그 사람들이 똑똑해지고 훌륭해지면 내가 계속 지도를 하지 않아도 되잖아요. 그러면 내가 그 만큼 그보다 더 낮은 곳에 가서 또 일을 할 수 있습니다. 그러면 그걸 어떻게 할 것이냐, 즉 공부를 어떻게 할 것이냐 이겁니다.

공부는 제가 보기에는 보는 눈과 실천이 합쳐진 것입니다. 즉 관점과 실천이지요. 그러면 관점에 대해서 먼저 이야기해 봅시다. 좌편향, 우편향 이런 것도 관점에서 모든 게 비롯되는 것 아닙니까? 이론적인 이야기를 할 것은 아니지만, 이 세상의 무슨 움직임이나 현상이나 본질이나 이런 것이 모두 다 좌우의 두 눈으로는 일부 밖에 못 봅니다. 사실 관점에서 제일 중요한 것은 '제대로 봐야 한다'는 것이지요. 이것은 엄청난 논쟁이 필요한 것이지만, 제대로 보는 것을 불교나 유교나 우리 선현들은 대개 이걸 중도라고 그랬습니다. 제가 보기에도 중도를 가야 보이는 것 같습니다.

그런데 중도라는 것이 앞에서도 이야기했지만 잘 모르면서 오해가 있어요. 우리나라의 지식인들이 정치에 대해 과도한 기억이 있어서, 중도 그러면 나이든 사람은 이철승과 유진산을, 많은 사람들은 적당주의를 생각하는 경향이 있습니다. 그런데 그게 아니거든요. 상식적으로 생각해도 가운데로 가면서 봐야 좌우가 보이고 앞뒤가 보이는 것이란 말입니다. 그런데 한 쪽으로 가면 그 쪽 밖에 안 보이지요. 돌려 봐야 저 쪽 밖에 안 보입니다. 그런데 가운데로 가면 좌우, 전후를 볼 수 있는 것입니다. 그래서 기계적인 평균주의가 아니고 모든 것을 보기 위한, 그래서 진리를 파악하기 위한 가장 현실적인 것을 저는 중도라고 이해를 합니다. 불교에서 뭐라고 이야기하고 유교에서 뭐라고 하는 것은 참고로 하고, 중도로 보았을 때 뭔가 제대로 보입니다. 사물과 현상을 제대로 보지 않으면 올바른 실천이 나올 수 없습니다.

그리고 보는 방법은 여러 가지가 있습니다. 성서에서는 이런 이야기를 했어요. "생명의 길을 가라, 진리가 너를 자유롭게 하리라." 모든 속박과 편견에서 벗어나라는 이야기인데, 저는 불교의 가르침이 훨씬 쉬운 말이라고 느꼈습니다. 불교에서는 지식을 세 가지로 이야기합니다. 즉 근본지, 분별지, 방편지가 그것입니다. 근본을 추구하고 거기에서 옳고 그름이라든지 여러 가지를 분별을 해 내면서 옳은 방법까지 통합했을 때 이를 제대로 아는 것이라고 합니다. 그리고 올바른 지식을 갖기 위한 방법을 다시 다섯 가지로 이야기를 해요. 불교에서 이야기하는 오안(五眼)이라는 것이지요. 첫째는 우리들 중생이 가지고 있는 눈은 육안(肉眼)입니다. 두 번째는 천안(天眼)으로 색계의 사람이 가진 눈으로 멀고 가까움, 안과 밖, 낮과 밤을 가리지 않고 볼 수 있는 눈을 말합니다. 다음으로는 혜안(慧眼)인데 사람의 눈으로 보는 지혜의 눈을 의미합니다. 넷째는 도안(道眼)입니다. 보살의 눈으로 보는 지혜의 눈이지요. 마지막 다섯째는 부처님의 눈으로 일체를 알고 보는 불안(佛眼)입니다. 이런 것은 대단한 비유면서 가르침이라고 봅니다. 도안까지만 이야기해도 상당히 훌륭한 것이라고 저는 봅니다.

다음으로 실천을 생각해 봅시다. 실천은 세 가지가 있습니다. 실천이야말로 현실에 맞게 해야 되는 것이지요. 붕 떠버리면 안 됩니다. 실천에서 제일 중요한 게 무엇인가 하면 바로 자기 스스로 꼭 실천하는 일입니다. 많은 운동가들이 비판받는 것은 자기 스스로 그렇게 안 하기 때문에 그렇습니다. 또는 자기 스스로는 덜 하고 세상 욕만 한다든지 하지요. 저는 대표적인 게 에너지 절약운동이라고 봅니다. 대부분 스스로는 잘 절약하지 않아요. 그러면서 구조적인 것만 뭐라고 하면서 화를 내고 그럽니다. 그런데 자기 스스로 했을 때 "아! 그렇구나" 하면서 느끼게 됩니다. 그래서 같이 할 사람하고 이야기가 아주 쉽게 되는 것이지요.

두 번째가 함께 하는 것입니다. 제가 늘 자주 쓰는 말이 "스스로, 함께"입니다. 자기 스스로 하지 않으면 도덕성이 없는 것이지요. 운동은 도덕성이 없으면 안 됩니다. 도덕성이라는 것은 쉽게 이야기하면 남이 수긍하는 것이거든요. "아! 그 사람들이 이야기하는 것은 맞는 거야" 이렇게 되어야 되는 것입니다. 옛날에 학생운동은 대중들로부터 그런 평을 받았지요. "그 애들이 화염병은 던지지만 오죽하면 그러겠습니까" 그랬단 말이지요. '함께'라는 것은 대중성입니다. 같이 하는 것입니다.

세 번째는 지속적인 것입니다. 이렇게 세 가지가 되지 않으면 절름발이가 반드시 됩니다. 실천에서는 그것이 제일 중요한 것 같습니다. 그것을 현실에서 하는 것이기 때문에 실사구시라는 말이 나오는 것이지요. 현실에 의거해서 올바른 것을 찾는 것이니까 실사구시를 해야 운동이 되지, 그냥 실천에 있어서까지 너무 담론 비슷하게만 되면 안 됩니다. 실천은 아주 구체적이고 조직적이고 체계적이어야 합니다. 그래야 반성과 평가가 바로 됩니다. 공중에 붕 뜨면 반성도 안 되고 평가도 안 되고 상당히 막연한 이야기를 하게 되어 버립니다. 80년대에 이런 평가들 많이 경험해 봤지요. 현실에 맞지도 않고 구체적이지도 않은 무리한 평가가 많이 있었습니다. 그러나 모든 게 잘못되었다는 것은 아닙니다. 시행착오를 거쳐서 올바른 길을 찾아가는 것이 운동의 길이기도 합니다.

생명과 평화의 세상을 위하여

앞으로의 운동은 현재의 운동과 연결되어 있고 현재의 그것은 과거의 운동과 연결되어 있습니다. 과거와 현재, 미래는 서로 연결되어 있는 것입니다. 지금 많은 대담들에서 이런 이야기를 합니다. 운동이 잘 안 된다고 말입니다. 운동에 대해서 확신을 가질 수 없다, 미래에 대한 전망이 없다, 운동이 이래서야 되겠느냐는 등 하여튼 여러 가지 말들이 있지만 운동이 잘 안 되고 있는 것만은 분명합니다. 운동을 잘해서 자기도 바꾸고 세상도 바꾸자고 하는 것이 운동인데, 대개 자기를 안 바꾸고 세상만 바꾸자고 그랬을 때, 조금 하다 안 되면 비관주의에 빠지게 됩니다. 그러나 자기를 바꾸면 비관주의에 잘 안 빠집니다. 긍정과 부정, 자기 변화와 세상의 변화를 일치시키는 게 제일 좋은 것입니다. 그러나 제가 보기에 일치는 너무 힘든 일이고 가능하면 통합해야 된다고 봅니다.

그러면 객관적으로 이야기해 봅시다. 운동이라는 것은 늘 이야기하는 것이지만, 가장 근본적이고 절실한 것을 추구하면서 자기와 세상을 바꾸는 것이지요. 그렇게 하기 위한 조직적이고 구체적인 사회적 실천입니다. 그러면 가장 근본적이고 절실한 것이 무엇인지를 정말 자주 생각하고 공부해야 합니다. 그렇게 하지 않으면 조금 하다가 안 된다고 때려치우거나 조금 성취하면 건방져지거나 그렇게 됩니다.

그래서 요새는 생명과 평화를 이야기하는 것입니다. 지금 가장 근본적인 것은 생명이 파괴되고 있고 지구상의 종의 절멸이 너무 급격하게 온다고 하는 현실입니다. 이것은 이게 단순히 환경문제나 생태계문제가 아니라 생명의 문제입니다.

생명의 문제가 존재에 대한 철학적인 문제가 아니라 구체적인 실존의 문제가 되어 버렸습니다. 그래서 그걸 바탕에 두었을 때 다른 운동도 된다는 것입니다. 가장 근본적으로 생명의 위기, 생명의 파괴를 늘 생각하는 게 제일 좋지만, 가끔이라도 생각하지 않으면 제대로 된 운동이 되느냐 이겁니다.

요즘 생협이 많이 유행을 하고 있습니다. 생협운동할 때 바탕이 되는 것이 흙을 살리고, 물을 살리고, 농작물을 살리고, 밥상을 살리고, 그래서 생명을 살린다는 것입니다. 말은 그렇게 하는데 진짜 그렇게 하는지 궁금합니다. 그 생각을 자주 하고 그걸 바탕에 두어야 생협운동이 제대로 되는 것이지요. 현재의 생협운동은 양적으로는 비교적 성장했지만 질적으로는 그렇게 발전하고 있지 않다고 생각됩니다. 왜냐하면 인간이 갖는 거의 숙명적인 것이라고 보는데, 양적으로도 성장함과 동시에 질적으로도 발전해야 되는데, 양적으로 성장하다보면 양적 성장의 논리가 질적 발전의 영역을 침범해서 변질시킵니다. 그래서 자꾸만 시장 지향적으로 가게 되어 있어요.

양적 성장은 시장의 논리이고, 질적 발전은 옳음과 그름과 더 나은 길을 찾아보는 광장의 논리입니다. 그래서 결국, 시장과 광장을 어떻게 통합하느냐가 문제가 됩니다. 운동을 하는 사람은 근본을 바탕으로 하기 때문에 양적 성장을 할수록 질적 발전과 광장을 더 많이 생각을 해야 합니다. 그래서 모든 운동이, 특히 협동조합운동에서 교육훈련을 중시하지 않는 조합은 대개 망하거나 변질되거나 그랬어요. 그게 제일 중요합니다.

저는 실제로 해 보았으니까 아는 것이지만, 예를 들어 우리 밀살리기운동을 할 때 그걸 '사업형 운동'이라고 그랬습니다. 그래서 처음에는 운동이 사업을 이끌어간다고 이야기했어요. 왜냐하면 우리밀이 없어지려고 하니까 운동으로 살려내야 되잖아요. 그래서 처음에는 9대 1 정도로 운동이 사업을 끌고 나가는 것이었지요. 그런데 어느 단계에 들어서자, 4년차에 보니까 이미 시장이 커져 가지고 6대 4로 역전되더군요. 그래서 그때 제가 운동을 많이 강조를 했습니다. 요새는 완전히 역전되어서 운동은 1이고 사업이 9가 되었습니다. 모든 것은 변화하는 것입니다. 세상과 일은 변하는데 자기 자신만 변하지 않고 세상 욕이나 하고 남의 탓을 합니다. 그러니까 주체들이 늘 생각을 해야 됩니다. 그래야 발전하고, 더 쇄신되고 그러는 것입니다.

그리고 어느 정도 되면 스스로 물러나야 합니다. 물러나면 그동안 일 속에서 안 보이던 것이 보이고, 전혀 새로운 것도 보입니다. 그것이 즐거움이고 행복일 것입니다.

■ 정성헌(鄭聖憲)

• 1946년 강원도 춘천시 남산면 방곡리에서 중농 집안의 부 정인홍(작고) 모 한정숙(97세) 셋째로 태어남

• 춘천고, 고려대 졸업

• 1964년 굴욕적인 한일회담반대(6 · 3운동) 시위에 참여, 내란죄로 구속되어 민주주의, 민족통일, 민중의 생활 등에 눈을 뜨게 됨

• 1977년부터 한국가톨릭농민회 협동, 조직, 교육부장, 사무국장, 부회장직을 수행하고 지금까지 회원으로 활동하며, 민주화운동과 생명공동체 운동에 작은 힘을 보태고 배움

• 1987년 민주헌법쟁취국민운동본부 상집위원, 군정종식 후보단일화 사무처장으로 일함

• 1989년 국가보안법 위반 항소이유서에서 '김매다 호미 놓고 젖먹이는 어머니 마음'으로 남북관계를 다뤄야 한다고 호소

• 1991년 우리밀살리기운동 본부장 일을 맡아 생명공동체 운동의 대중화(16만 명, 38억 5,000만원 참여) 이후 생협법 입법추진위원장으로서 법 제정에 도움

- 1998년 DMZ 평화생명동산의 필요성을 제안(권근술, 김지하, 김진선, 민병석, 유재천, 오정희, 이승호, 이삼열, 조형) 인제군 서화면에 DMZ평화생명동산 교육마을을 이루어 평화, 생명, 통일 교육운동을 전개(환경부, 강원도, 인제군 협력사업), 2009년 이후 4년간 700회 이상 약 25,000여 명에게 교육

- 지역주민들과 생명사회 건설을 위한 '스스로, 함께, 꾸준히' 운동을 전개 현재 '인제생명사회건설 10개년 계획' 작성 중

- 2003년 위암 수술 후 유기농업과 생활건강교육운동의 중요성을 절감, 현재 평화생명동산에서 생명살림 오행동산, 오행순환의 집을 운영하며 사과, 배, 옥수수, 채소, 약초를 생명의 농업으로 모시는 중

- 앞으로 북한 내금강 지역에 평화생명동산을 조성할 계획이고 (2000년 북한에 제안) 1998년부터 맡은 남북강원도 협력 사업에 노력 중

- 2010년 민주화운동기념사업회 이사장을 맡으면서 생명, 평화, 자치, 협동의 문명사적 전환의 풀뿌리시민운동, 민회(民會) 같은 숙의민주주의, 직접민주주의 운동의 중요성을 강조

- 가족은 4년째 누워계시는 어머니 한정숙(97세), 결혼 후 2차례 구속 여러 차례의 수배 그리고 4차례의 병원 입원과 수술을 겪어낸 남편과 큰 아들 평(배달의학과 서양의학을 통합하는 의대생) 둘째 화(작은 식당 사장)를 잘 보살펴 키워낸 아내 이신원(초등학교 교장)이 있음